王邦田　刘海峰　主　编
何飞英　杨杰文　副主编

医学生就业指导

广东高等教育出版社
Guangdong Higher Education Press
·广州·

图书在版编目（CIP）数据

医学生就业指导/王邦田，刘海峰主编．—广州：广东高等教育出版社，2014.3（2021.8 重印）

ISBN 978-7-5361-5042-3

Ⅰ．①医…　Ⅱ．①王…　②刘…　Ⅲ．①医学院校-大学生-职业选择　Ⅳ．①G647.38

中国版本图书馆 CIP 数据核字（2013）第 312822 号

出版发行　广东高等教育出版社
社址：广州市天河区林和西横路　邮编：510500
营销电话：（020）87557232　87551163
http://www.gdgjs.com.cn

印　　刷　佛山市浩文彩色印刷有限公司
开　　本　890 毫米×1 240 毫米　1/32
印　　张　7.75
字　　数　222 千
版　　次　2014 年 3 月第 1 版
印　　次　2021 年 8 月第 4 次印刷
定　　价　28.00 元

前 言

我国高等教育毛入学率由2015年的40%已提升至2019年的51.6%，在学总人数达到4 002万人，已建成世界规模最大的高等教育体系。高等教育正式进入普及化时代。然而，随着招生规模的扩大，大学毕业生人数逐年增加，大学生就业压力也在不断增加。2020年教育部公布全国普通高校毕业生为874万人，2021年达909万人，毕业生人数屡创新高。2020年又受新冠肺炎疫情影响，各行业招聘需求减少，无疑也增加了毕业生的就业压力。据国家卫生健康委员会统计资料显示，高等医学院校数量和在校生由中华人民共和国成立初期的44所、152万人，发展到2000年的177所、7148万人。2018年普通高校医学专业毕业生人数突破79万人，并且还在逐年增加。由于高等医学院校每年持续增加招生人数，造成医学毕业生的总量也在逐年增加，而由于医院和医疗机构数量有限，因此对医学毕业生的需求有限。另外，作为医学相关专业在就业时门槛较高、专业性极强、实习时间长、学习难度大、工作岗位局限等原因，导致医学生的就业形式格外不容乐观。

大学生就业难，很大程度上与其自身因素有关。当前出现的大学生找工作难，同时也伴随着用人单位招工难现象。针对医学生来说，大多数毕业生都向往医疗设施完善、等级较高，最好是大中城市的中心医院，而不愿去一般的市县级医院、诊所等，造成医学毕业生就业分布不平衡，经济发达地区和一些中心城市医疗机构需求量不多，但要求高，想去的毕业生多，而符合条件的毕业生少；经济不发达地区和农村乡镇医院需求量多，但愿意去的毕业生少。众多学者研究表明，大学毕业生相对于其他群体而言，就业难的主要原因不是无业可就，而是有业不就，出现这一现象的深层次原因是当前高校就业指导工作的缺失和错位，影响了就业指导的实际效果。因此，加强高校就业指导工作，引导学生树立正确的就业观念，帮助学生在激烈的竞争中进行合理的职业选择，已成为高校整体教育教学工作的一个重要组成部分。

2007 年 12 月，教育部印发《大学生职业发展与就业指导课程教学要求》，提出“从 2008 年起提倡所有普通高校开设职业发展与就业指导课程，贯穿从入学到毕业的整个培养过程”。目前，我国各级政府、教育主管部门都十分重视大学生的就业指导工作，出台了一系列方针政策促进大学生充分就业，多数高校还把就业指导课程列入教学计划，面向全体毕业生开设。与此同时，越来越多的高校教师重视就业工作，积极参与大学生的就业指导与教学工作。在教育部《关于做好 2012 年高校毕业生就业工作》的通知中，除了要求各地和高校继续大力推进就业优质服务，确保毕业生离校时初次就业率基本稳定、就业人数持续增加，也首次明确提出进一步提高毕业生就业质量。

新的发展趋势，对大学生就业指导工作提出了新的要求。当前的就业指导理论与实践研究还处于探索阶段，总体上讲，还有待进一步地提高。基于对医学毕业生就业状况研究的基础上，综合多年职业发展与就业指导课程教学经验，并依据教育部颁发的《大学生职业发展与就业指导课程教学要求》课程指导大纲，我们组织编写了本书。本书在介绍一般大学生就业知识的同时，重点介绍了医学院校大学生就业形势及医学专业大学毕业生去向，适合医学院校学生使用。

全书共分为十章，由王邦田、刘海峰任主编，何飞英、杨杰文任副主编。参加各部分编写的人员都是来自一线的就业指导教学骨干教师：第一章，职业与就业市场（王邦田）；第二章，就业形势分析（卢文婷）；第三章，就业政策及制度（卢文婷、刘海峰）；第四章，求职心理准备（刘晓坤、刘杰）；第五章，求职途径的选择（卢文婷、张庆文）；第六章，求职材料准备（何飞英、杨杰文）；第七章，笔试与面试（何飞英）；第八章，签约与派遣（王邦田）；第九章，就业权益保障（王邦田）；第十章，角色转换与适应（杨洪波、刘晓坤）。

由于编写时间仓促和编者自身水平有限，书中难免有许多不足之处，敬请广大读者批评指正，本书完成过程中引用了一些教材、网站提供的数据资料，在此谨表谢意！同时，广东高等教育出版社钱丹编辑在此书审稿过程中付出了大量的时间和精力，在此也表示衷心的感谢！

编 者

2021 年 4 月

目　　录

第一章　职业与就业市场

学习目标：

1. 理解职业与专业的含义，了解与自身专业相关的职业类型。
2. 了解就业市场，毕业生就业渠道。

第一节　职业认知

一、职业与专业

我国《职业分类大典》将职业定义为：职业是参与社会分工，利用专门的知识和技能，为社会创造物质财富和精神财富，并获取合理报酬，作为物质生活来源，并满足精神需求的工作。职业是按照社会分工所从事的相对稳定的、有收入的、合法的社会工作类别。职业活动是每个人社会生活中的重要组成部分，人的一生从青年时期走上工作岗位直至退休，长达几十年都在从事职业活动，即便退休，多数仍然还参与各类职业活动，以获取财富、实现价值、促进社会发展，职业发展贯穿于人生的整个过程。职业既是人们从社会中谋取利益的手段，又是个体实现自身价值、体现其社会地位的标志。对于大学生来说，接受教育和培训的最终目的就是为了将来找到一个适合的职业。大学所学的专业往往与日后所从事的职业有较大关系，职业是不同的专业领域中一系列相似的服务，职业所需要的往往是综合性的知识，跨出了学校专业课程设置的范畴。例如，西医医师、中医医师、中西医结合医师、民族医师、公共卫生医师、药剂人员、护理人员等职业。

专业不同于职业。《教育管理辞典》上将专业定义为：是高等学校或中等专业学校根据社会分工需要而划分的学业门类。潘懋元、王伟廉主编的《高等教育学》里将专业定义为是课程的一种组织形式。专业是指根据学科分类和社会职业分工需要分门别类进行高深知识教与学活动的基本单位。如医学类专业有临床医学、预防医学、基础医学、医学影像学、护理学等。社会化大生产使职业分工变得越来越细，对人才的专业性要求也变得越来越高，专业的划分也越来越细。如2020年2月，教育部颁发《普通高等学校本科专业目录（2020年版）》，该目录是在2012年版的基础上，增补近年来批准增设的新专业而形成，是高等教育工作的基本指导性文件之一。它规定专业划分、名称及所属门类，是设置和调整专业、实施人才培养、安排招生、授予学位、指导就业，进行教育统计和人才需求预测等工作的重要依据。

本目录将专业划分为哲学、经济学、法学、教育学、文学、历史学、理学、工学、农学、医学、管理学、艺术学12个学科大类，细分为92个专业门类、703种专业。其中医学学科大类细分为11个专业门类、58种专业，详见表1－1。

表1－1　医学学科本科专业目录（2020年）

专业类	专业代码	专业名称	学位授予门类	修业年限
基础医学类	100101K	基础医学	医学	五年
基础医学类	100102TK	生物医学	理学	四年
基础医学类	100103T	生物医学科学	理学	四年
临床医学类	100201K	临床医学	医学	五年
临床医学类	100202TK	麻醉学	医学	五年
临床医学类	100203TK	医学影像学	医学	五年
临床医学类	100204TK	眼视光医学	医学	五年
临床医学类	100205TK	精神医学	医学	五年
临床医学类	100206TK	放射医学	医学	五年
临床医学类	100207TK	儿科学	医学	五年
口腔医学类	100301K	口腔医学	医学	五年
公共卫生与预防医学类	100401K	预防医学	医学	五年

续上表

专业类	专业代码	专业名称	学位授予门类	修业年限
公共卫生与预防医学类	100402	食品卫生与营养学	理学	四年
公共卫生与预防医学类	100403TK	妇幼保健医学	医学	五年
公共卫生与预防医学类	100404TK	卫生监督	医学	五年
公共卫生与预防医学类	100405TK	全球健康学	理学	四年
中医学类	100501K	中医学	医学	五年
中医学类	100502K	针灸推拿学	医学	五年
中医学类	100503K	藏医学	医学	五年
中医学类	100504K	蒙医学	医学	五年
中医学类	100505K	维医学	医学	五年
中医学类	100506K	壮医学	医学	五年
中医学类	100507K	哈医学	医学	五年
中医学类	100508TK	傣医学	医学	五年
中医学类	100509TK	回医学	医学	五年
中医学类	100510TK	中医康复学	医学	五年
中医学类	100511TK	中医养生学	医学	五年
中医学类	100512TK	中医儿科学	医学	五年
中医学类	100513TK	中医骨伤科学	医学	五年
中西医结合类	100601K	中西医临床医学	医学	五年
药学类	100701	药学	理学	四年
药学类	100702	药物制剂	理学	四年
药学类	100703TK	临床药学	理学	五年，四年
药学类	100704T	药事管理	理学	四年
药学类	100705T	药物分析	理学	四年
药学类	100706T	药物化学	理学	四年

续上表

专业类	专业代码	专业名称	学位授予门类	修业年限
药学类	100707T	海洋药学	理学	四年
药学类	100708T	化妆品科学与技术	理学	四年
中药学类	100801	中药学	理学	四年
中药学类	100802	中药资源与开发	理学	四年
中药学类	100803T	藏药学	理学	五年，四年
中药学类	100804T	蒙药学	理学	四年
中药学类	100805T	中药制药	工学，理学	四年
中药学类	100806T	中草药栽培与鉴定	理学	四年
法医学类	100901K	法医学	医学	五年
医学技术类	101001	医学检验技术	理学	四年
医学技术类	101002	医学实验技术	理学	四年
医学技术类	101003	医学影像技术	理学	四年
医学技术类	101004	眼视光学	理学	四年
医学技术类	101005	康复治疗学	理学	四年
医学技术类	101006	口腔医学技术	理学	四年
医学技术类	101007	卫生检验与检疫	理学	四年
医学技术类	101008T	听力与言语康复学	理学	五年，四年
医学技术类	101009T	康复物理治疗	理学	四年
医学技术类	101010T	康复作业治疗	理学	四年
医学技术类	101011T	智能医学工程	工学	四年
护理学类	101101	护理学	理学	四年
护理学类	101102T	助产学	理学	四年

专业学习是培养人才核心竞争力的首要途径。但是，并不是说一种专业只对应一种职业，专业是可以变通的，同一个专业可以从事多种职业，比如药学，全国本科阶段开设药学专业的高校有 230 多所，据阳光高考信息平台数据显示，药学专业全国普通高校毕业生规模为 1.8 万至 2 万人，2017 年就业率区间为 90% 至 95%。总体来看，就业率处于较高水平。在美国，药学院校学生毕业后 91% 以上进入药品使用领域工作，并成为注册药师。而在我国，药学专业毕业生的就业方向大致分为如下几种：科研人员——在大学、研究所、药厂的研究部门，从事药物的研发工作；医院药剂师——在医院药剂科、药房、药厂等从事制剂、质检、临床药学等工作；药检人员——在药检所从事药物的质量鉴定和制定相应的质量标准；医药销售人员——在医药贸易公司或制药企业从事药品生产、流通及销售等工作。2016 年 3 月，国务院办公厅印发《关于促进医药产业健康发展的指导意见》，提出“加强药学队伍建设，提升执业药师服务能力，促进安全合理用药”等相关意见，2016 年《执业药师业务规范》正式发布，并自 2017 年 1 月 1 日起施行。随着新医改，新版 GSP 针对药品流通的批发与零售环节提出一系列新要求，据国家食品药品监督管理总局执业药师资格认证中心公开的数据显示，截至 2016 年底，全国一共有零售药店 44 万多家，连锁企业 5 886 家，其中连锁药店 22 万家，单体店也将近 20 万家，截至 2017 年 12 月底，全国执业药师注册人数为 408 431 人。业界估算执业药师缺口达 10 万人，未来药学专业的就业趋势将以零售药店为主。因此，在校大学生除了要学好专业知识和参加社会实践外，还应了解和自己专业相关的职业有哪些，需要为未来的职业发展做好充分的求职准备。学习专业知识的目的是帮助人更好地发展自己，而不是限制人的发展。首先，大学生要了解本专业开设什么课程，培养哪些方面的技能，国内外的一流学校和院系开设该专业的有哪些，本专业的核心特色是什么，本专业的就业方向有哪些、各有什么具体的要求；其次，依据自己所学的专业，结合自身的兴趣、技能、价值观和性格测试等，制定职业生涯规划，确定职业取向，对照未来职业发展的要求，寻找差距，加强各种相关专业性的训练，弥补自己的短处，进行自我提升，为职业发展做充分的准备。比如一名卫生法学专业的学生想毕业后从事经济或司法相关工作，发现自己的专业课程中关于经济或司法的较少，为了在毕业后找工作时提高自己的竞争力，他除了学好卫生法学课程外，还可以通过选修课、网络课程或继续教育课程等方面补充学习，以及参加电子商务师、理财规划师或律师资格考试等，弥补相关专业知识和技能。

二、职业的分类

所谓职业分类，是指国家采用一定的标准和方法，依据一定的分类原则，对从业人员所从事的各种专门化的社会职业所进行的全面、系统的划分与归类。职业分类的目的是了解我国国民经济各行各业的结构、各部门的设置以及各种职业对人员的素质要求，为各级教育培训机构和劳动就业管理部门开展职业指导和服务提供参考，同时也为高校、职业学校设置专业及用人单位编制岗位提供依据。

改革开放初期，为满足国民经济发展与社会人口普查及劳动人事规划指导等方面的需要，按照从业人口本人所从事的工作性质的同一性原则，我国先后制定了国家职业分类的标准和政策。1986年颁布了《职业分类和代码》，1992年编制并颁布了《中华人民共和国工种分类目录》，1999年颁布了我国第一部《中华人民共和国职业分类大典》。之后，随着经济社会的不断发展，社会职业构成发生了很大变化。为适应发展需要，2010年底，人力资源和社会保障部会同国家质检总局、国家统计局牵头成立了国家职业分类大典修订工作委员会及专家委员会，历时五年，修订产生了新版《职业分类大典》——《中华人民共和国职业分类大典（2015年版)》(以下简称2015新版《职业分类大典》)。2015新版《职业分类大典》以“工作性质相似性”为主，以“技能水平相似性”为辅，将职业划分为8个大类、75个中类、434个小类、1481个细类（职业）。其中大类包括：

第一大类为“党的机关、国家机关、群众团体和社会组织、企事业单位负责人”，指在中国共产党机关，国家机关，民主党派和工商联，人民团体和群众团体、社会组织及其工作机构，基层群众自治组织，企业、事业单位中担任领导职务并具有决策、管理权的人员。

第二大类为“专业技术人员”，指从事科学研究和专业技术工作的人员。

第三大类为“办事人员和有关人员”，指在公共管理和社会组织机构中，从事行政业务、行政事务、行政执法和仲裁、安全保卫、消防和应急救援等工作的人员。

第四大类为“社会生产服务和生活服务人员”，指从事商品批发零售、交通运输、仓储、邮政和快递、住宿和餐饮、信息传输、软件和信息技术以及金融、房地产、租赁和商务、技术辅助、生态保护、文化、体育和娱乐等社会生产服务与生活服务工作的人员。

第五大类为“农、林、牧、渔业生产及辅助人员”，指从事农、林、畜、渔业生产活动及辅助生产的人员。

第六大类为“生产制造及有关人员”，指从事产品生产及设备制造、矿产开采、工程施工和运输设备操作的人员及有关人员。

第七大类为“军人”。

第八大类为“不便分类的其他人员”。

细类就是我们通常所说的职业。如医学生主要就业方向的卫生专业技术人员，具体见表 1－2。

表 1－2　卫生专业技术人员职业分类（2015 年）

小类	细类（职业）
临床和口腔医师	内科医师、外科医师、儿科医师、妇产科医师、眼科医师、耳鼻咽喉科医师、口腔科医师、皮肤科医师、精神科医师、传染病科医师、急诊科医师、康复科医师、麻醉科医师、病理科医师、放射科医师、核医学科医师、超声科医师、肿瘤科医师、全科医师、医学遗传科医师、妇幼保健医师、疼痛科医师、重症医学科医师、临床检验科医师、职业病科医师

续上表

小类	细类（职业）
中医医师	中医内科医师、中医外科医师、中医妇科医师、中医儿科医师、中医眼科医师、中医皮肤科医师、中医骨伤科医师、中医肛肠科医师、中医耳鼻咽喉科医师、针灸医师、中医推拿医师、中医营养医师、中医整脊科医师、中医康复医师、中医全科医师、中医亚健康医师
中西医结合医师	中西医结合内科医师、中西医结合外科医师、中西医结合妇科医师、中西医结合儿科医师、中西医结合骨伤科医师、中西医结合肛肠科医师、中西医结合皮肤与性病科医师
民族医医师	民族医医师
公共卫生和健康医师	疾病控制医师、健康教育医师、公共卫生医师
药学技术人员	药学、中药学、民族药师
医疗卫生技术人员	影像技师、口腔医学技师、病理技师、临床检验技师、公卫检验技师、卫生工程技师、输血技师、临床营养技师、消毒技师、肿瘤放射治疗医师、心电学技师、神经电生理脑电图技师、康复技师、心理治疗技师、病案信息技师、中医技师
护理人员	内科护士、外科护士、妇产科护士、儿科护士、急诊护士、社区护士、助产士、口腔科护士、中医护士
乡村医生	乡村医生
其他卫生专业技术人员	—

职业分类是制定和开发职业标准的基础，职业标准是劳动者从事某一职业所达到的专业知识和技能水平的规范性要求，不同的职业岗位对劳动者的知识和能力的要求是不同的。如：内科医师为运用临床技术从事疾病诊断，并以应用处方药物为主要手段对病人治疗和康复的专业人员。从事的工作主要包括：①询问和检查病人，书写病历，记录病案；②医嘱或实施化验、影像学、介入方法、穿刺技术以及其他诊断程序：③对化验和检查报告及结果进行分析，做出诊断：④开具处方，提示饮食、锻炼建议，必要时介绍病人到其他科，或向其他科医师提出咨询：⑤利用必要的医疗设备、器械、药物、化学疗法、输氧、补充营养物质、输血、止血、替代治疗等手段治疗内科疾病。国家职业标准是我们从事职业活动、接受职业教育培训和职业技能鉴定的基本依据，也是用人单位录用、使用人员的基本依据。我们只有达到职业标准的规定要求，才可以说胜任那个职业。了解国家职业体系结构的形成，社会职业领域的总体状况，可以帮助我们增强职业意识，提升职业素养。

关于职业的分类也可按照从业人员所从事的生产或其他社会经济活动的同一性进行分类，即按行业进行分类。行业是指从事相同性质经济活动的所有单位集合。2008 年，为了保证对经济活动的正确归类，联合国统计委员会颁布了《所有经济活动的国际标准产业分类》（ISIC 第四版），新标准按照国际通行的经济活动同质性原则对职业进行划分，共分为 21 个行业门类，每一门类又都有更细的划分，共分为 99 个大类，238 个中类，419 个小类。我国国家统计局参照联合国国际标准产业分类，于 2017 年第四次修订了《国民经济行业分类》（GB/T4754—2017），由国家质量监督检验检疫总局、国家标准化管理委员会批准发布，新标准共分 20 个行业：A. 农、林、牧、渔业；B. 采矿业；C. 制造业；D. 电力、热力、燃气及水生产和供应业；E. 建筑业；F. 批发和零售业；G. 交通运输、仓储和邮政业；H. 住宿和餐饮业；I. 信息传输、软件和信息技术服务业；J. 金融业；K. 房地产业；L. 租赁和商务服务业；M. 科学研究和技术服务业；N. 水利、环境和公共设施管理业；O. 居民服务、修理和其他服务业；P. 教育；Q. 卫生和社会工作；R. 文化、体育和娱乐业；S. 公共管理、社会保障和社会组织；T. 国际组织。[1]

与医学类毕业生就业关联较大的行业有制造业、教育、卫生和社会工作、信息传输、软件和信息技术服务业、科学研究和技术服务业、公共管理、社会保障和社会组织等。如制造业包括化学原料、化学制品制造、医药制造、计算机、通信和其他电子设备制造、医疗仪器设备及器械和仪器仪表制造等类别；卫生和社会工作包括医院、社区医疗与卫生院、门诊部（所）、计划生育技术服务活动、妇幼保健院（所、站）、专科疾病防治院（所、站）、疾病预防控制中心等类别；科学研究和技术服务业包括医学研究和试验发展、环境保护监测、生物技术推广服务等类别；公共管理、社会保障和社会组织包括国家行政机构、公共安全管理机构、行政监督检查机构、人民法院、人民检察院、工会、妇联、共青团、专业性团体、行业性团体、基金会等类别。了解国家职业体系结构、每一行业细分类别及具体的职业描述，可以帮助学生增强职业意识，提升职业素养，但是，以上职业分类总体上还不够系统，一些权威性的网站也是我们获取职业信息的很好来源，如国家人力资源与社会保障部等相关网站。对于医药类职业，具体可以根据社会用人单位需求来分析，我国医药类卫生单位包括卫生行政机构，医疗卫生、公共卫生等事业单位，医药企业，以及有关的高校和科研院所等。

（1）卫生行政机构，包括卫生部、卫生厅、卫生局等。多数岗位要求必须通过国家或地方的公务员考试和面试等程序才能被录用。

（2）医疗卫生单位，主要包括各级各类医院（含综合性医院、中医医院和专科医院）、疗养院、卫生院门诊部（所）、社区卫生服务中心、村卫生室、妇幼保健院、专科疾病防治机构等。以医院为例，岗位主要包括行政管理人员、卫生技术人员和工勤人员。卫生技术人员主要包括医疗人员、护理人员、医技人员、药剂人员等。

---

① 资料来源：中华人民共和国国家统计局 http://www.stats.gov.cn/tjsj/tjbz/201709/t20170929_1539288.html。

①医疗人员：即临床医师，包括执业医师和执业助理医师，主要在医疗、预防和保健机构中执业的专业医务人员。

②护理人员：主要包括护士或护师，分布在各级各类医疗卫生服务机构，担任护理专业技术人员。

③医技人员：即医疗机构中从事医疗技术服务的人员。随着医学相关学科的发展和进步，对医技人员的要求也是越来越高，既要具备扎实的医学专业知识，对物理、化学、生物等相关专业也要有所涉猎。目前出现一些第三方医学独立实验室、检验中心，大量需求医技人员。

④药剂人员：主要指药师或临床药师，在医疗卫生单位从事药品后勤保障、调剂制剂、临床药学服务等。

（3）公共卫生单位，主要包括各级各类卫生监督所（中心）和疾病防控中心等，承担本地区的公共卫生服务工作。

（4）医药企业，包括医药生产和流通的企业，可划分为：化学原料药与制剂、中药材、中成药、中药饮片、抗生素、生物制品、医疗器械、卫生材料、制药机械、药用包装材料及医药商业等。医药生产行业是国际公认的朝阳产业，受经济危机和社会发展波动的影响比较小。医药生产行业从业人员包括营销人员、研发人员、高级管理人员等。

（5）高校和科研院所，主要包括教学科研人员、教学科研辅助人员、管理人员及其他工勤人员等。一般岗位要求毕业生具有硕士、博士学历，工勤人员可要求本科层次。

三、职业的变迁及发展趋势

随着社会经济的发展变化，职业结构也发生相应的变化，某些原有的职业逐渐消失，各种新的职业不断涌现，形成了明显的职业变迁和发展。如“铅字打字员”被现在的“电脑排版打字员”所替代；近几年因为新生儿、中老年人护理的需求，出现了月嫂、中老年人护理师这个新职业；电子商务的不断发展，网店的不断增加，出现了“网店装修师”等新职业。

2004 年，国家劳动和社会保障部根据社会经济发展需要，建立了新职业定期发布制度，定期公布新职业。至2009年，国家劳动和社会保障部发布了12批122个新职业。这些职业折射了时代的变迁，也反映了我国劳动力市场的需求方向。涉及医学生相关的新职业有健康管理师、公共营养师、医疗救护员、医学设备管理师、孤残儿童护理员、生殖健康咨询师等。2015新职业分类大典颁布后，由人社部、市场监管总局、统计局首次联合于2019年4月1日发布了13个新职业。它们包括人工智能工程技术人员、物联网工程技术人员、大数据工程技术人员、云计算工程技术人员、数字化管理师、建筑信息模型技术员、电子竞技运营师、电子竞技员、无人机驾驶员、农业经理人、物联网安装调试员、工业机器人系统操作员、工业机器人系统运维员。

伴随传统产业的更新及科学技术发展，现代服务业占国民生产总值的比重逐渐加大，新的社会分工不断涌现，职业领域不断拓宽，在信息服务业、管理咨询业和社会服务业等产生新职业较多，电子商务、会计、审计类中介服务、教育和医疗服务、娱乐消费产品和现代金融业劳动者队伍迅速扩大，未来职业的劳动方式逐步由简单向复杂转化，职业内涵逐步发展扩大，跨专业、复合型和创新型人才更加紧俏。例如，大学毕业生在找工作时具备多种语言能力和较全面的计算机技能，以及具有一定的创新意识会更容易得到用人单位的青睐。

如果要深入了解职业相关信息，可以通过《中华人民共和国职业分类大典》检索，也可以通过国家人力资源和社会保障部、教育部大学生就业等相关网站查询。从职业分类大典对职业的描述和工作内容界定中，我们可以深入了解劳动力市场对劳动者的要求、了解现代社会对劳动者的素质和职业技能要求、及时掌握职业发展的新动向。对于我们大学生来说，只有充分了解不同职位所要求的资历和各方面的条件，并考量自己的自身职业价值和实际情况，才能准确合理地去寻求合适的职业。

第二节 就业市场

随着社会主义市场经济体制的不断完善和高校毕业生就业制度改革的不断深入和发展，大学生就业市场逐步建立和形成。大学生作为人力资源的重要组成部分，与生产资料要素一样，也不同程度地受到市场机制的调节，受到市场供求关系的影响。

一、大学生就业市场的内涵及类型

（一）大学生就业市场的内涵

大学生就业市场是在国家宏观调控政策指导下，按照市场机制对高校毕业生资源进行合理配置的人才市场。大学生就业市场作为人力资源市场的一部分，是专门以高校毕业生为对象的初次就业市场，是高校毕业生就业制度的一个重要组成部分，是在社会主义市场经济体系下，有计划、有组织、有目的地培育和建立起来的。大学生就业市场的根本任务是通过市场作用使大学毕业生找到合适的工作，用人单位得到所需要的员工。

（二）大学生就业市场的类型

大学生就业市场按其外在表现形式可分为有形市场和无形市场。

1. *有形市场*

有形市场是指组织举办具有具体时间和具体地点，以及特定参加对象的各类毕业生就业招聘活动。有形市场按不同的分类标准，主要有以下几种形式：

（1）从举办的单位来分类：①学校主办的就业市场。它是由单个学校或校际联合举办。单个学校举办的就业市场主要是针对本校毕业生的专业特点和就业方向，邀请与其密切相关的用人单位参加，服务本校毕业生就业。校际联合的就业市场主要是为加大毕业生专业综合性，满足用人单位的不同需求，增强就业市场效能而实行的两所或两所以上高校联合举办的毕业生就业市场。②用人单位主办的就业市场。它是由单个用人单位、单位组团举办的，以招聘本单位所需要的毕业生的就业市场。③政府主办的就业市场。它是由各省、市、区毕业生就业主管部门组织各高校所设立的大学生就业市场，或是由各地人力资源和社会保障部门组织用人单位设立的人才招聘市场。④社会组织主办的就业市场。它由政府人事代理机构或人才市场、职业介绍所、人才中介机构等举办的人才招聘就业市场。

（2）从举办的类别来分类：①区域性就业市场。它是由各地毕业生就业主管部门主办的，主要为本地区毕业生和经济发展服务的就业市场。②行业性就业市场。它是由各部委毕业生就业主管部门主办的，主要为本行业毕业生和用人单位服务的就业市场。③分层次或专业类就业市场。它主要是考虑到毕业生数量巨大，有必要根据用人单位对毕业生学历层次的不同要求和市场对不同专业人才的需求进行分流，设立专门类别的就业市场。如研究生专场招聘会、医学类专场供需见面会等。

近年来，教育部高校毕业生就业中心陆续批复湖南、辽宁、安徽、河南、内蒙古等省（市、区）设立了“全国高校毕业生就业市场分市场”，要求各分市场加强合作。同时，鼓励各高校结合自身办学特点，积极组建高校毕业生就业创业联盟，深化校际合作，广泛开展行业间、地区间交流与合作，逐步构建统一、规范的区域性毕业生就业市场体系。目前，大学生就业市场很难用一种分类标准来划分，它随着市场经济的发展呈现出多种多样的形式，有的有形市场可以同时具备几种就业市场的特征。为此，大学生求职要多留意下同类型招聘活动发布的具体单位信息和岗位信息。

2. 无形市场

无形市场主要是指毕业生求职应聘不受特定的时间和空间限制，没有具体的时间、地点和固定场所，只是由用人单位和毕业生自行自主地选择通过某种媒介或交互平台进行交流和沟通。随着信息化技术的发展，毕业生依据个人就业意向，通过报刊、广播、电视、网络、微信、微博等媒体或他人介绍获取就业信息，投递简历，与用人单位进行双向选择，无形市场在毕业生的就业过程中所起的作用越来越明显。

近年来，教育部联合其他部委，以及各地方和各高校为了进一步完善无形市场的建设，都建立了自己的毕业生就业信息网站、人才交流和招聘网站，不同层级就业网站之间实行无缝对接，加强了就业信息交流，实现了就业信息资源共享。国家出台政策搭建“全国高校毕业生就业网络联盟”和“全国大学生就业公共服务立体化平台”，2020 年，受新冠肺炎疫情影响，全国上半年停止线下招聘会，各地都推行了网上招聘系统，教育部推出 24365 校园招聘服务，24 小时 365 天全天候服务毕业生和用人单位，许多高校紧急研发搭建了网络视频招聘系统，举办线上招聘会。毕业生和用人单位通过网络进行远程视频面试、双向选择，既节省毕业生和用人单位的时间，又节省物力、财力，提高工作效率。这种新型的网上互动交流模式，有望成为今后毕业生就业求职的一种主渠道。

二、大学生就业市场的特点

大学生就业市场作为人力资源市场的一个重要组成部分，经过 10 多年的发展，已经成为运用市场机制进行人力资源配置、为毕业生和用人单位提供服务的专门人才市场。其主要特点有如下几个方面：

（一）社会性

社会性即大学生就业市场是一种具有广泛社会意义的就业市场。当前，我国正处在从人力资源大国向人力资源强国迈进的新历史阶段，做好大学生就业工作是为教育现代化建设服务、建设人力资源强国的迫切需要。大学生就业市场的建立和完善关系到国家人力资源能否合理配置和使用，关系到每一个毕业生的成才立业，寄托着数百万家庭的希望。高校毕业生能否充分就业不仅是学生个人的问题，它同时关系到高校培养目标的实现和整个高等教育事业的科学发展、持续发展、健康发展，是一个社会问题，具有广泛的社会性。

（二）群体性

每年全国有几百万高校毕业生走出校门、走向社会求职就业，这是一个庞大的群体队伍。大学生就业是以班级、专业或学校为单位的群体性活动，每年各地高校就业主管部门和高校精心组织举办的大型毕业生供需见面会也是根据不同层次、不同专业类别设立的就业市场，具有鲜明的群体性。

（三）专门性

大学生就业市场与一般的劳务市场相比，是一种专门的人才市场，是专门为大学生求职择业服务的。高校毕业生是学有所长的专门人才，层次高、素质强，有知识、有技能，在就业竞争中处于有利的地位。

（四）多样性

大学生就业市场形式灵活、多样，既有有形的，也有无形的；既有综合的，也有分类的；既有区域的，也有部门的；等等。随着计算机网络技术的开发应用，大学生就业的无形市场得到了快速发展。目前各地高校毕业生就业主管部门和高校都建立了比较完善的就业信息网络平台，越来越多的毕业生通过网络无形市场远程联系用人单位，与用人单位进行双向选择，顺利实现就业。

（五）时效性

时效性即大学生就业市场有一定的时间性要求。高校毕业生一般于每年 6 月底毕业离校，教育部规定高校毕业生招聘活动进校园在每年 11 月 20 日之后，为此，大学生就业市场从大学生毕业前一年 11 月份开始到毕业前数月是最繁忙的时期。大多数毕业生在毕业前应落实具体的就业单位，其时间紧、任务重，且相对集中，具有很强的时效性。

（六）多变性

大学生就业市场受整个社会经济的影响较大，随着经济全球化步伐的加快，大学毕业生供求关系也发生变化，一些原有比较热门的专业可能变为冷门，另一些原本冷门、不景气的专业可能变得对大学毕业生需求旺盛；某些职业不断消失，同时新的职业不断涌现，大学生就业市场呈现出多变性。

大学毕业生在就业市场中择业，必须清醒地认识到市场是无情的，竞争是激烈的。现阶段为进一步适应社会主义市场经济体制和高等教育大众化的需要，国家建立了“市场导向、政府调控、学校推荐、学生与用人单位双向选择”的高校毕业生就业机制。高校毕业生就业机制是在强化政府积极促进就业的同时，坚持发挥市场配置人力资源的基础性作用，大学毕业生一旦进入市场，就是一场知识的竞争、能力的竞争、素质的竞争，每个大学生都应有待业的心理准备，这是市场给我们上的第一课。

三、大学生就业市场的现状和发展趋势

（一）大学生就业市场的现状

大学生就业市场现状主要有如下几个方面：

1. 社会需求不平衡

近年来，随着改革的不断深入和经济全球化步伐的加快，大学毕业生供求关系呈现出不断变化的趋势，大学生就业的供求矛盾主要表现在毕业生的专业结构、知识结构、综合素质、学历层次等不适应市场需求；毕业生的择业意向与技能不适应市场需要；毕业生的择业期望值与用人单位要求不一致。

（1）学科专业之间。随着社会经济的发展和国家产业结构的调整和变迁，社会对人才的需求呈现出波动，曾经热门的专业变为红牌专业，毕业生也沦为难就业或易失业的对象。如近年来，从多家人才机构的调查结果看，财经、政法、金融、计算机科学与技术、生物工程、国际经济与贸易、英语、法学等传统热门专业，目前人才市场已开始出现供大于求现象，而物联网专业、理财专业有可能在近几年内有较大发展。多年来，临床医学专业毕业生相对于其他医学专业的毕业生就业确定性较强，就业形势一直较好，多数毕业生看好大城市和沿海经济发达地区，把择业定位在城市、大医院、经济效益好的单位，就业的期望值过高。然而，大城市和发达地区的医疗卫生机构人才日趋饱和，医学人才市场上的竞争也日益激烈。临床医学专业毕业生由供不应求变为供过于求，就业难度日趋加大。反而近几年新兴起的整形外科求才若渴。传统意义上比较小却很实用的专业，例如眼科、口腔科、耳鼻喉科、麻醉学、传染

病预防学等专业人才需求持续增长。

（2）学历之间。随着高新技术产业的发展，社会对毕业生学历层次的要求越来越高，对高层次的复合型人才的需求量越来越大。人才高消费愈演愈烈，在高校毕业生就业中，呈现出毕业研究生需求旺盛，本科毕业生供需基本持平，而专科毕业生、高职毕业生供过于求的局面。如近几年，连续出现专科临床医学、法律文秘、工商管理、计算机应用技术、电子商务等红牌专业。

（3）地区之间。当前国家实行产业转移，实施西部大开发和中原崛起战略，中西部等地区求贤若渴，对大学毕业生的需求量大，而东部沿海经济发达地区如上海、北京、广东、江苏、浙江等省（市），用人单位数量没有明显增加，对大学毕业生的需求有限。对于医学生来说，经济发达地区和一些中心城市医疗机构需求量不大，但要求高，想去的毕业生多，而符合条件的毕业生少；基层社区、经济不发达地区和农村乡镇医院需求量大，但愿意去的毕业生少。

（4）院校之间。重点大学、“211”工程和“985”高校毕业生就业具有明显的优势，名牌院校、名牌专业的毕业生社会需求量大，而一般院校、一般专业的毕业生社会需求相对较少。如医学院校的非医学专业毕业生，经济学与法学、商务英语、计算机科学与技术、电子信息工程等专业毕业生的就业压力较大。

（5）用人单位之间。受国家政策体制改革和公务员录用制度变革的影响，政府机关、事业单位及国有大中型企业，用人指标有限，引进毕业生的比例逐年下降，难以接收大量的高校毕业生，特别是应届毕业生。对于医疗卫生单位来说，近年来，而公立医疗卫生单位需求基本稳定，而民营医院、基层医疗卫生单位对高校毕业生的需求数量却逐年增加。

2. 对毕业生的素质能力要求提高

随着人才竞争的加剧，用人单位对大学生综合能力等方面的要求越来越高，选择毕业生时更加注重毕业生的综合素质能力。当前，国家在制定职业标准体系时，将分层次地制定职业特定技能，行业通用技能和核心技能标准。其中，核心技能指从事任何职业或行业工作都需要的、具有普遍适用性的技能。大体上，设计的我国核心技能包括：交流表达、数字运算、革新创新、自我提高、与人合作、解决问题、信息处理、外语应用等八个大类。

研究调查医药相关企事业单位资料显示，用人单位普遍关注医学毕业生的素质能力包括职业道德、专业知识水平、敬业精神、人际交往与沟通、团队合作、应变和心理承受能力、创新能力、学习能力等，针对临床相关专业毕业生还要求具有一定的临床技能和科研能力。对大学生而言，用人单位以往选才主要看重其学历、成绩，而现在用人单位更看重的是其实际能力。随着人才竞争的加剧，用人单位对大学生综合能力等方面的要求越来越高，高分低能毕业生将越来越不受用人单位的青睐甚至被淘汰。相比较同一班级大学毕业生之间，由于综合素质能力方面的差别较大，就业状况上也千差万别。为此，医学类毕业生必须在学好专业知识技能的同时，加强职业素养的养成，全面提升就业能力，使自己在竞争中立于不败之地。另外，目前社会对医学人才的需求量在逐年增加，但是行业壁垒很高，要求当医生的前置条件是必须获得执业医师资格证，中医类别专业的毕业生不得报考临床、口腔、公共卫生类别医师资格，具有医学营养学专业学历的，可以根据试用期的工作岗位报考临床或公共卫生类别的医师资格考试，已获得临床执业（助理）医师资格的人员，并取得省级以上教育行政部门认可的中医专业学历或者脱产两年以上系统学习中医药专业知识或者参加过省级中医（药）行政部门批准举办的西医学习中医培训班、并系统学习了中医药基础和中医临床主要课程的，可以申请参加中西医结合执业（助理）医师资格考试。

3. *以高校为基础的就业市场基本形成*

目前提供高校毕业生就业市场服务体系的主要有政府部门、高校、毕业生就业公共服务机构。政府部门、毕业生就业公共服务机构由政府提供经费为毕业生提供公益性服务，高校就业服务部门由高校提供专项经费为本校毕业生提供免费的校园招聘组织与服务活动。高校作为人才培养机构，其毕业生的就业状况直接影响到学校的声誉。为此，各高校都应成立大学生就业指导中心，着力建立和开拓就业市场，为毕业生就业提供指导和服务。高校毕业生就业指导中心承担的主要任务有：收集和公布社会对毕业生的需求信息；与用人单位建立密切关系，发布用人单位招聘信息；组织用人单位来校开展招聘活动；跟踪反馈毕业生就业情况；为毕业生办理离校和派遣手续；等等。同时，对在校大学生提供就业指导和职业生涯规划辅导，帮助指导大学生合理定位，使毕业生资源配置尽可能趋于合理。

由于高校积极拓宽各学科就业领域，加强了与用人单位的密切联系，介绍了专业的设置和生源情况，并主动邀请用人单位来校招聘，供需双方专业较对口，就业市场签约率较高。以高校为主体的就业市场，作为毕业生获取就业信息的主要渠道，因其高效、可靠、真实、规范而受到了毕业生和用人单位的普遍信赖。

（二）大学生就业市场的发展趋势

随着我国社会主义市场经济体制改革的不断深入和完善，大学生就业市场呈现出以下发展趋势。

1. 供求矛盾更加突出

随着高校扩招，在短期内毕业生人数会迅猛增加，然而社会的有效需求却增速有限。这样一来，势必造成劳动力的供给与需求关系严重失衡，表现为劳动力的供给远超过需求，部分专业毕业生供过于求，出现暂时性待业。同时，随着我国加入世界贸易组织5年过渡期的结束，国企改革力度的加大和经营机制的转换，企业下岗分流，机关事业单位的减员增效数量会继续增加；加上农村劳动力向城镇转移的步伐进一步加快和海归人数的增加，客观上增加了国内大学毕业生的就业难度，加剧了就业岗位少而就业供给大之间的矛盾。

2. 无形市场加快发展

随着信息技术的高速发展，高校的就业无形市场发展非常迅速，在大学生就业市场中所占的地位日显重要，作用也越来越大。无形市场借助信息技术的高技术手段，建立起各类就业网站、求职网站，为毕业生就业提供了更广阔的发展领域。凭借网络技术进行信息交流不受时空的制约，用人单位和毕业生之间打破了时间、区域、场所的限制，减少了求职和招聘成本，提高了求职效率，深受广大毕业生和用人单位的欢迎和推崇。现在高校都普遍建立自己的就业信息网络，为毕业生与用人单位双向选择提供更加方便、快捷的条件保障。毕业生可以利用就业网建立自己的个人信息资料，与用人单位进行信息的传递和沟通；用人单位也可以通过就业网查询毕业生的基本情况，也可在就业网上发布用人信息，就业工作正逐步朝着无纸化方向发展。

3．就业市场更加规范

以学校为基础的毕业生就业市场和就业指导服务体系已经建立，并不断向规范化、法制化迈进，公开、公正、公平竞争的良好择业氛围逐步形成。大学生就业市场正从传统管理向以信息技术为基础的现代化管理模式转变，就业指导的手段正在向信息化、网络化迈进。各高校积极创造条件，依托全国毕业生就业信息网站，配置毕业生资源、交流供需信息，为毕业生和用人单位提供了多方面的帮助、指导和服务。同时，为了维护毕业生和用人单位供需双方的合法权益，大学生就业市场的运作遵循供需双方在市场中独立自主进行就业洽谈，实行公平竞争和公开协商的原则，即“自主、竞争、公开”的原则。双方按洽谈的结果签订就业协议，即无论企业、事业单位，还是国家机关、社会团体，只要录用毕业生，都必须签订就业协议，这从客观上反映了毕业生就业工作已进入规范化、法制化的轨道。

4．宏观调控进一步加强

大学生就业市场是在国家政策宏观调控下，以服务学校、毕业生和用人单位为宗旨，以建设公益性、示范性、专业性，常设市场为目标，以高校校园市场为基础的，完善的毕业生就业市场体系。大学生就业市场是运用市场调节机制，配置高校毕业生资源，为毕业生和用人单位提供咨询、指导和服务。但是，大学生就业市场中还存在着市场行为不规范、市场机制不健全等问题，需要加强宏观调控，以实现人才的合理流向。尤其是向关系国计民生的国有骨干企业，重点教学科研单位，国防、军工及边远、艰苦地区输送优秀人才方面，国家将会加强以市场为导向的宏观调控力度，积极引导、吸引毕业生到这些地区和单位就业。

四、大学生就业市场的利用

大学生就业市场是在社会主义市场经济体制下，专门以高校毕业生为服务对象的就业市场，是高校毕业生就业工作管理体系的就业制度中的一个重要组成部分。它的工作职责和任务是为高校毕业生举办各种类型的双向选择会、供需见面会，为用人单位和毕业生提供咨询指导和招聘服务，等等。为此，大学生应增强市场就业意识，充分准备好个人自荐材料，积极收集市场用人信息，做好进入大学生就业市场竞争的各项准备。

（一）有形市场的利用

近年来，每年各地高校毕业生就业主管部门、各高校都举办数十场大型毕业生招聘会，各行业、各地人力资源和社会保障部门、人才中介机构也分场次举办数场针对高校毕业生的人才洽谈会、供需见面会等，这些有形市场已经成为毕业生与用人单位双方交流、最终达成劳动关系的主要渠道。高校毕业生要充分利用这些资源，提前做好准备，一方面要深入了解招聘单位的具体情况，了解用人单位的岗位要求、任职资格、岗位薪酬、应聘流程以及注意事项等。另一方面要根据不同类型单位情况准备好求职材料，制作个人简历、填写高校毕业生就业推荐表并签字盖章，复印各种证书等。另外，还要注意做好应聘记录，掌握参加招聘的详细情况，以便总结经验，以便与应聘单位进一步沟通和联系。

（二）无形市场的利用

高校的无形市场发展非常迅速，大学生就业市场网络化正日益走进我们的生活。现在不仅仅有计算机网络，还有移动网络、手机网络、在线电视网络等，网络技术的发展已经进入千家万户。2010年，根据教育部整体规划要求，各高校全部嵌入“全国大学生就业信息服务一体化系统”，全国高等学校学生信息咨询与就业指导中心建立了新职业教育部大学生就业网（https://www.ncss.cn/），各省（直辖市）高校毕业生就业主管部门都建立了大学生就业信息平台，各高校都普遍建立了自己的就业信息网络，各地人力资源和社会保障部门、卫生健康委会员、医药企业事业单位几乎也都建立了人才网站，大学生可以凭借网络技术、手机 APP、微信进行信息交流不受时空的制约，随时随地发布求职信息，利用网络建立自己的个人信息资料库，与用人单位进行信息传递和沟通、远程视频面试等。

目前许多高校都是利用网络、微信发布用人单位招聘信息，开发精准推送就业需求信息，开展就业指导和职业生涯辅导，办理毕业生派遣和档案转递手续等，大学生应充分利用学校就业信息平台，多方获取求职信息，把握就业机遇，节约求职成本，高效地达到求职的成功。

思考与讨论：

1. 简述专业与职业的区别与联系。

2. 您将来打算从事哪些职业（选择 1～3 种），该职业对人才有什么具体要求，需要什么任职资格和能力，职业发展前景如何？

3. 您打算从事的职业人才需求现况及未来发展情况怎样，与您所学专业有什么关系，自身还需要补充哪些知识与技能？

4. 浅谈如何利用有形就业市场。

第二章 就业形势分析

学习目标：

1. 了解我国高校毕业生就业的基本现状。
2. 了解医学类毕业生就业形势。
3. 熟悉医学类毕业生就业趋势。

第一节 高校毕业生就业基本现状

一、全国毕业生就业概况

随着近年来高等教育改革不断深入，中国高等教育“扩招”步子越迈越大，自1999年高校大幅度扩招以来，我国高等教育呈现出跨越式的发展态势，高等教育毛入学率从1998年的9%上升到2019年的51.6%，进入了国际公认的高等教育普及化阶段。从1998年开始，高校毕业生逐年大幅度增长，由1998年的83万人直线上涨到2019年的834万人，21年间涨了10倍，还在保持增长的趋势！近10年高校毕业生人数统计见表2－1。毕业生人数的增长，使得毕业生就业压力增大，就业呈现新的规律及特点。智联招聘网站发布CIER指数（招聘需求和申请人数的比值，称中国就业市场景气指数），分区域来看，2019年二季度东部、中部、西部和东北的CIER（中国就业市场景气）指数分别为1.18、1.14、0.92、0.66，同比分别减少了0.28、0.19、0.19、0.07，同比均有所下滑，且东部地区下滑最大，东部的就业形势恶化最快。2019年二季度民营企业、合资企业、股份制企业、国企、上市公司、外商独资企业CIER指数分别为0.94、0.82、0.70、0.52、0.73、0.69，同比分别下降0.04、0.05、0.15、0.35、0.29、0.23，国企下降幅度最大[①]。

表 2－1　2011—2020 年我国高校毕业生人数统计

年份	毕业生数量/万人
2011	660
2012	680
2013	699
2014	727
2015	749
2016	765
2017	795
2018	820
2019	834
2020	874

数据来源：教育部历年教育统计年鉴。

（一）高校毕业生层次结构

2015—2019 年，从历年学历层次分布上看（见表 2－2），与“十二五”末期相比，2019 年普通高校研究生毕业生规模从 55.1 万人增长到 63.9 万人，增长率 15.97%；本专科毕业生规模从 680.9 万人增长到 758.5 万人，增长率 11.39%。这在一定程度上反映了“十三五”时期，一方面高校人才培养学历结构逐渐向较高层次变化的趋势；另一方面，随着当前整个社会就业形势日趋严峻，越来越多的高校毕业生倾向于通过提高学历层次暂时减缓就业压力和期望获得更好的就业机会。

① 资料来源：https://www.zhaopin.com/

表 2－2　2015—2019 年我国高校毕业生层次结构人数统计

高等教育毕业生数/万人	2019 年	2018 年	2017 年	2016 年	2015 年
研究生毕业生数/万人	63.966 6	60.436 8	57.804 5	56.393 8	55.152 2
博士毕业生数/万人	6.257 8	6.072 4	5.803 2	5.501 1	5.377 8
硕士毕业生数/万人	57.708 8	54.364 4	52.001 3	50.892 7	49.774 4
普通本专科毕业生数/万人	758.529 8	753.308 7	735.800 0	704.200 0	680.900 0
普通本科毕业生数/万人	394.715 7	386.835 8	384.183 9	374.368 0	358.594 0
普通专科毕业生数/万人	363.814 1	366.472 9	351.600 0	329.800 0	322.300 0

数据来源：国家统计局数据（http://www.stats.gov.cn/）

根据日前教育部公布数据显示，从各省市来看，2019 年共有 10 省市毕业生人数超 30 万人。其中河南普通本专科毕（结）业人数全国第一，达到 59.34 万人，本科毕业生 27.67 万人，专科毕业生 31.67 万人；山东排名第二，共有 57.8 万人毕业，本科 24.47 万人，专科 33.33 万人；广东以 52.21 万人的毕业生数排名第三位，本科毕业人数 26.76 万人，专科 25.45 万人。具体毕业生人数分布如表 2－3 所示。

表 2－3　2019 年高等教育普通本专科学生毕业人数统计

排名	地区	毕（结）业生数合计	本科	专科
1	河南	593 363	276 666	316 697
2	山东	577 980	244 719	333 261
3	广东	522 094	267 550	254 544

续上表

排名	地区	毕（结）业生数合计	本科	专科
4	江苏	488 498	266 596	221 902
5	四川	402 922	206 829	196 093
6	湖北	383 673	207 828	175 845
7	湖南	361 908	166 655	195 253
8	河北	357 831	174 547	183 284
9	安徽	321 623	157 643	163 980
10	江西	303 308	122 933	180 375
11	陕西	293 496	160 501	132 995
12	浙江	283 396	151 734	131 662
13	辽宁	257 106	165 262	91 844
14	广西	233 144	108 080	125 064
15	山西	211 772	121 113	90 659
16	重庆	200 819	108 837	91 982
17	福建	200 169	121 645	78 524
18	云南	196 463	101 738	94 725
19	黑龙江	194 809	122 745	72 064
20	吉林	171 814	116 628	55 186
21	贵州	169 655	67 065	102 590
22	北京	147 074	121 066	26 008
23	天津	137 063	79 655	57 408
24	上海	131 694	85 641	46 053
25	内蒙古	124 677	60 353	64 324
26	甘肃	123 314	68 928	54 386
27	新疆	84 359	35 939	48 420

续上表

排名	地区	毕（结）业生数合计	本科	专科
28	海南	50 393	25 748	24 645
29	宁夏	31 988	17 975	14 013
30	青海	18 958	8 570	10 388
31	西藏	9 935	5 968	39 670
-	总计	7 585 298	3 947 157	3 638 141

（二）高校毕业生专业需求程度

根据教育部公布的《教育部办公厅关于严格核查2020届高校毕业生就业数据的通知》指出：当前，就业统计面临新形势，尤其是随着我国新产业、新业态、新模式快速发展，新就业形态不断涌现。在2020年疫情防控过程中，也催生了一些新职业。

根据BOSS直聘发布的《2020年春招就业市场追踪报告》，报告显示2020年春节后第三周，面向2020年应届生的岗位需求环比增长16%，但同比仍然下降44%，百人以下小微企业的应届生需求相比2019年收缩了52%。而2020年高校毕业生供给规模的大幅度增加以及受疫情影响部分行业不景气等因素势必加剧就业的难度。

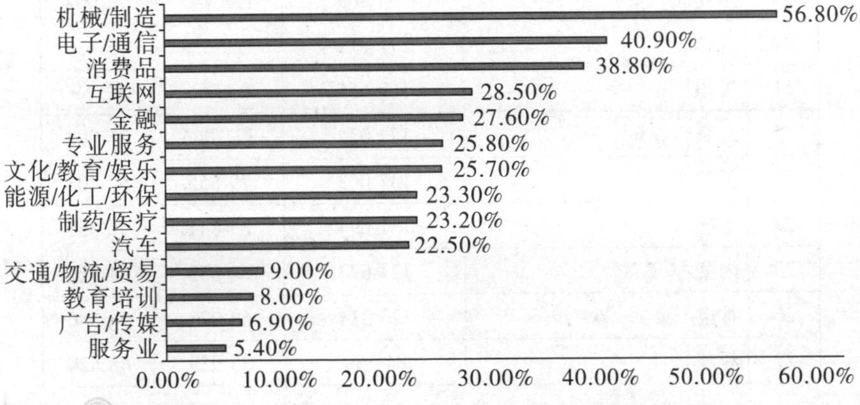

图2-1　2020年春节后三周主要行业对应届生需求变化（环比）

（三）高校毕业生就业地区

麦可思研究院《2020 年中国大学生就业报告》显示，本科毕业生选择在“新一线”城市就业的比例从 2015 届的 22% 上升到 2019 届的 26%，而在一线城市就业的比例从 2015 届的 26% 下降至 2019 届的 20%。在“新一线”城市就业的 2019 届本科毕业生中，外省籍占比从 2015 届的 28% 上升到 2019 届的 38%，与一线城市（平均 68%）差距在逐渐缩小。在主要的“新一线”城市中，在杭州就业的 2017～2019 届外省籍本科毕业生占比最高，其次为天津、苏州，均超过一线城市中的广州。

2019 届本科毕业生在一线城市的就业满意度（72%）略高于“新一线”城市（68%）。上海是本科生就业最满意的城市，其次是北京；“新一线”城市中，在杭州、天津、宁波、南京、苏州就业的毕业生满意度较高，不输于部分一线城市。

（四）高校毕业生就业目标

大学生就业目标主要通过就业待遇、就业岗位、个人发展等方面体现，并影响到职业开发和职业决策。麦可思研究院《2020 年中国大学生就业报告》显示，2019 届本科毕业生就业比例最大的行业类是“教育业”，占比为 15.9%，同时与 2017 届相比增幅也较高，为 8.2%。具体来看，在“教育业”的就业增长主要是“民办中小学及教辅机构”(7.6%)、“公办中小学教育机构”(6.1%)的需求增长，较 2017 届分别增长 20.6%、7%。2019 届本科毕业生从事最多的职业类是“中小学教育”(10.1%)，与 2017 届相比增幅为 6.3%。

第二节　医学类毕业生就业形势

近年来，我国的医学教育事业有了很大的发展，初步建立了包括学校基础教育、毕业后教育、继续教育的连续统一的医学教育体系，医学类专业设置不断完善。根据 2020 年 3 月教育部公布数据统计，目前，我国医学类专业共有 11 个大类，58 个本科专业。其中新增 13 个专业，包括生物医学的基础学科、中医康复学、养生学等适应社会经济发展的领域。除了本科类专业，也有一些高职院校涉及公共卫生领域的人才培养。在高职（专科）招生中，按公共卫生与卫生管理大类招生，下设预防医学、公共卫生管理、卫生监督、卫生信息管理 4 个专业。

根据教育部公布的数据统计，近年来我国普通高等学校招收的各类医学生人数逐年增长，且高学历层次招生人数增长最快。2018 年教育部统计数据显示，医学类专业招收人数达 85 万人，五年来增长了 26.51%，在校生人数为 305 万人，毕业生人数为 79 万人。从学历层次来看，研究生招生人数近五年增长最快，从 2014 年的 69 792 人增长到了 2018 年的 95 172 人，增长了 36.37%。

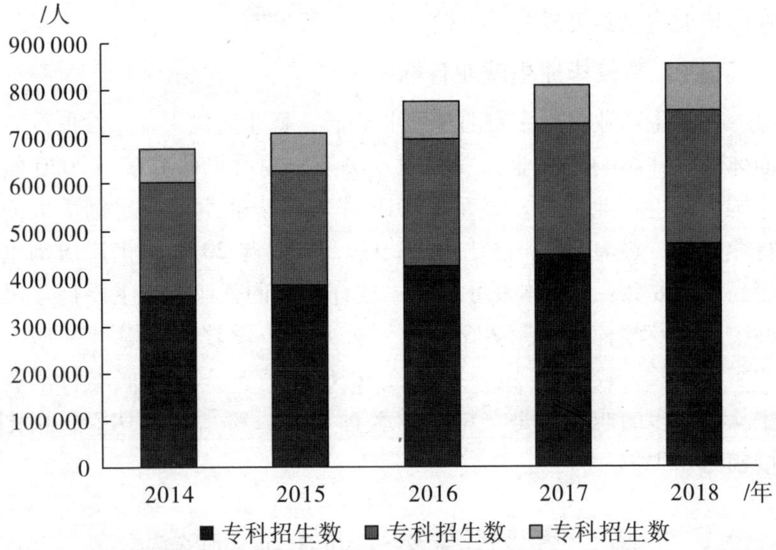

图 2－2　近五年我国普通高校医学生招生人数

二、医疗行业前景

（一）医疗卫生机构总数

国家卫生健康委员会统计资料显示，高等医学院校数量和在校生由新中国成立初期的44所、152万人，发展到2000年的177所、7 148万人。2018年普通高校医学专业毕业生数突破79万人，并且还在逐年增加，大学生“就业难”问题日益凸显。

国家卫生健康委权威发布《2019年我国卫生健康事业发展统计公报》，2019年末，全国医疗卫生机构总数达1 007 545个，比2018年增加10 112个。其中：医院34 354个、基层医疗卫生机构954 390个、专业公共卫生机构15 924个。与2018年相比，医院增加1 345个，基层医疗卫生机构增加10 751个；公立医院数减少102个，民营医院增加1447个，见表2－4。资料显示，医疗卫生人才需求方面，医院需求增幅不大，主要是民营医院需求的增加，公立医院人才需求基本饱和；基层医疗卫生人员需求随国家医疗卫生体制改革、基层医疗卫生机构数的增加而大量增加。

表2－4　2018—2019全国各类医疗卫生机构数

机构类别	机构数/个	
	2018	2019
总计	997 433	1 007 545
医院	33 009	34 354
公立医院	12 032	11 930
民营医院	20 977	22 424
医院中：三级医院	2 548	2 749
二级医院	9 017	9 687
一级医院	10 831	11 264
基层医疗卫生机构	943 639	954 390
#社区卫生服务中心（站）	34 997	35 013

续上表

机构类别	机构数（个）	
	2018	2019
#政府办	17 715	17 374
乡镇卫生院	36 461	36 112
#政府办	35 973	35 655
村卫生室	622 001	616 094
诊所（医务室）	228 019	240 993
专业公共卫生机构	18 033	15 924
#疾病预防控制中心	3 443	3 403
专科疾病防治机构	1 161	1 128
妇幼保健机构	3 080	3 071
卫生监督所（中心）	2 949	2 869
计划生育技术服务机构	6 276	4 275
其他机构	2 752	2 877

注：#系其中数。

数据来源：中华人民共和国国家卫生健康委员会网公布数据，http://www.nhc.gov.cn/

2019年，广州日报刊登广州基层医疗卫生机构人员缺口较大，按广东省8人/万常住人口核定社区卫生服务机构编制标准，广州仅达到7.46人/万常住人口，而全国的年均水平达到11.3/万常住人口。

（二）医疗卫生资源

医疗卫生资源总量逐步增加，卫生人力构成进一步优化。《2019年我国卫生健康事业发展统计公报》显示，2019年末，全国医疗卫生机构总数达1 007 545个，其中医院3.4万个医院（公立医院 1. 2 万个、民营医院 2. 2 万个)；基层医疗卫生机构 96. 0 万个，其中乡镇卫生院 3. 6 万个、社区卫生服务中心（站）3. 5 万个、门诊部（所）26. 7 万个、村卫生室 62. 1 万个；专业公共卫生机构 1. 7 万个，其中疾病预防控制中心 3 456 个、卫生监督所（中心）3 106 个。

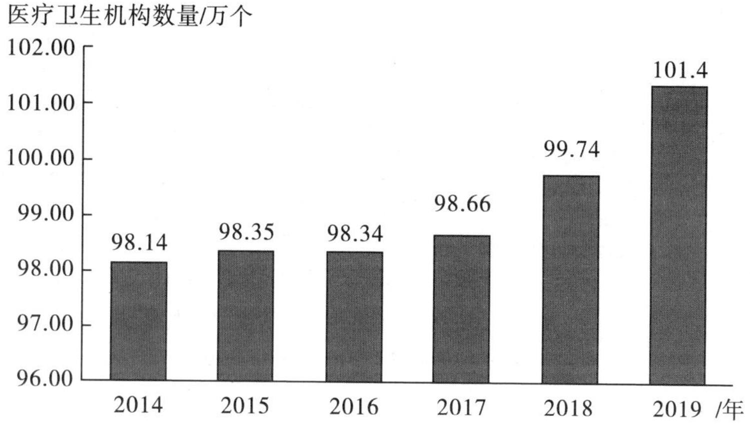

图 2－3 2014—2019 年全国医疗卫生机构数量统计

数据来源：国家统计局、智研咨询整理

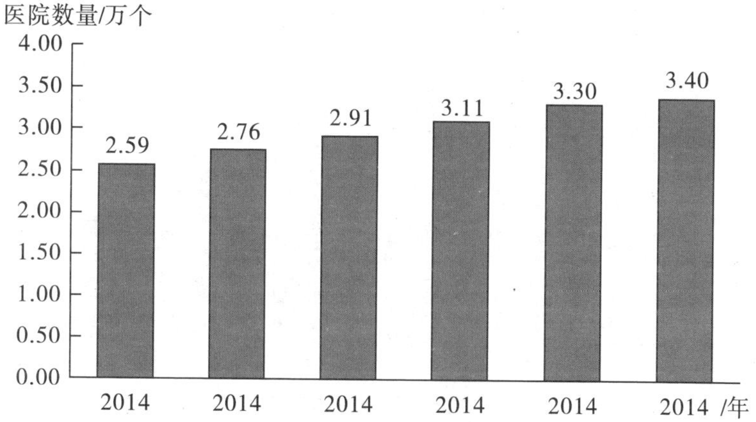

图 2－4 2014—2019 年全国医院数量统计

数据来源：国家统计局、智研咨询整理

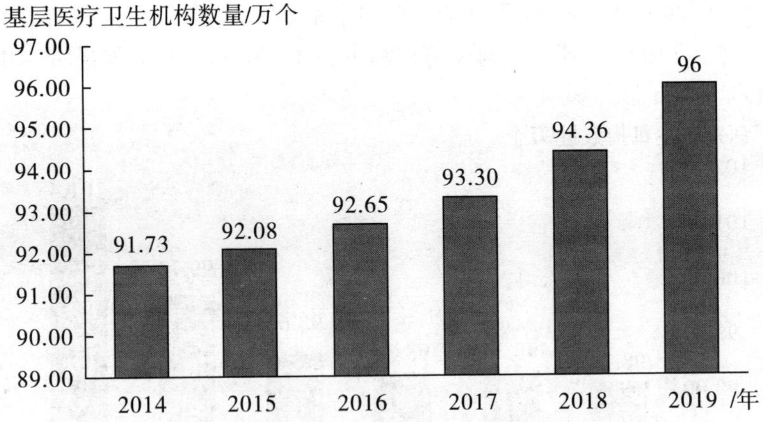

图 2－5　2014—2019 年全国基层医疗卫生机构数量统计

数据来源：国家统计局、智研咨询整理

图 2－6　2014—2019 年全国乡镇卫生院数量统计

数据来源：国家统计局、智研咨询整理

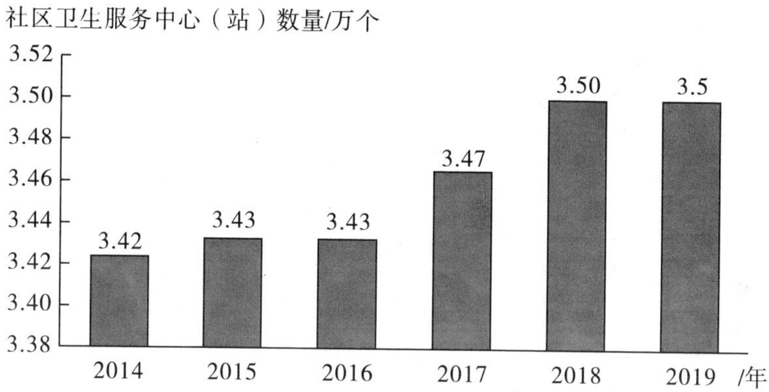

图 2－7　2014—2019 年全国社区卫生服务中心（站）数量统计

数据来源：国家统计局、智研咨询整理

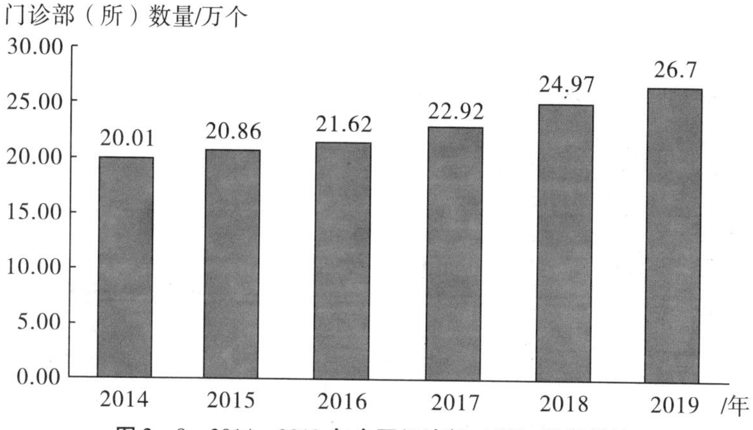

图 2－8　2014—2019 年全国门诊部（所）数量统计

数据来源：国家统计局、智研咨询整理

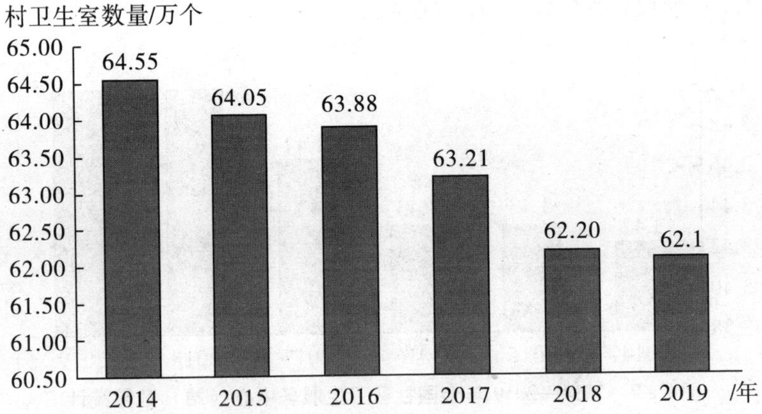

图 2－9　2014—2019 年全国村卫生室数量统计

数据来源：国家统计局、智研咨询整理

图 2－10　2014—2019 年全国专业公共卫生机构数量统计

数据来源：国家统计局、智研咨询整理

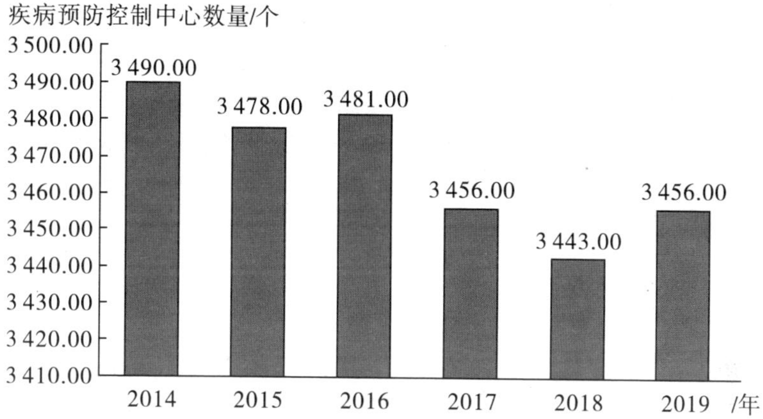

图 2－11　2014－2019 年全国疾病预防控制中心数量统计

数据来源：国家统计局、智研咨询整理

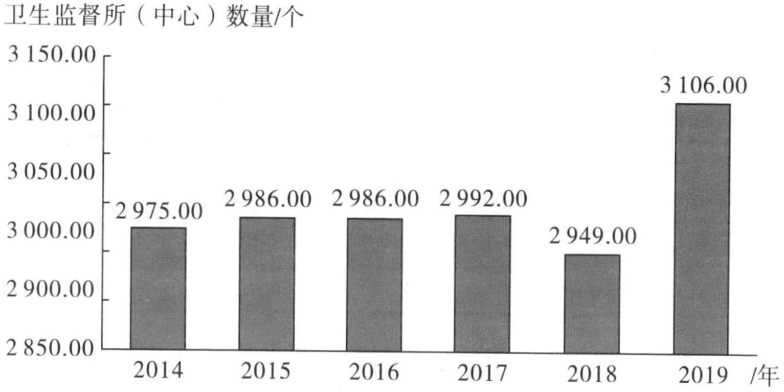

图 2－12　2014—2019 年全国卫生监督所（中心）数量统计

数据来源：国家统计局、智研咨询整理

《2020—2026 年中国精神病医院行业市场运营方式及市场前景趋势报告》数据显示：2019 年年末全国卫生人员总数达 1 292. 8 万人，卫生技术人员 1 010 万人，其中执业医师和执业助理医师 382 万人、注册护士 443 万人。医疗卫生机构床位 892 万张，其中医院 697 万张、乡镇卫生院 138 万张。

卫生筹资总量增长、结构优化，居民医疗卫生费用的个人负担相对减轻。《2019 年我国卫生健康事业发展统计公报》显示，2019 年全国卫生总费用预计达 65 195.9 亿元，人均卫生总费用4 656.7元。

基层医疗机构服务能力稳步提高。统计数据显示，2019 年乡镇卫生院和社区卫生服务中心（站）门诊服务量达 20.3 亿人次，比 2018 年增加 1.1 亿人次，增长 5.7%，占全国门诊总量的 23.3%，所占比重逐年提高。

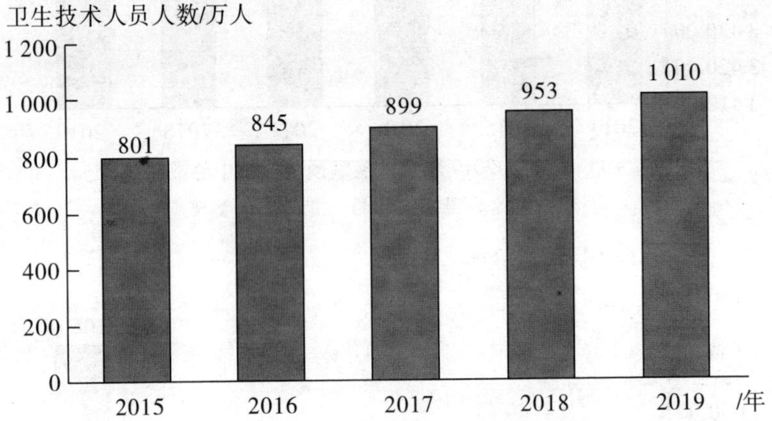

图 2－13　2015—2019 年卫生技术人员人数

数据来源：国家统计局、智研咨询整理

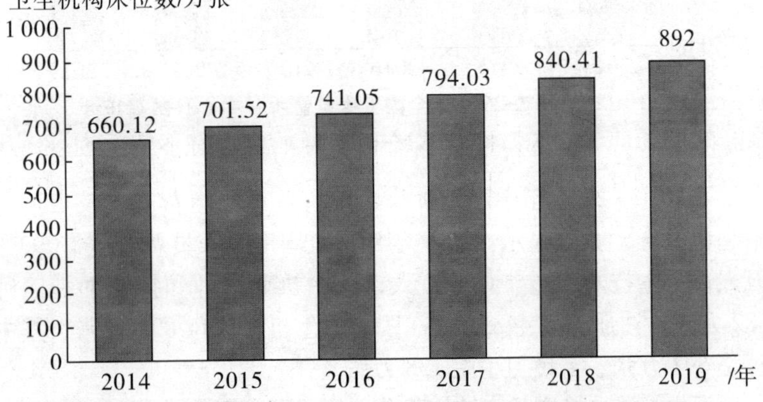

图 2－14　2014—2019 年全国医疗卫生机构床位数量统计

数据来源：国家统计局、智研咨询整理

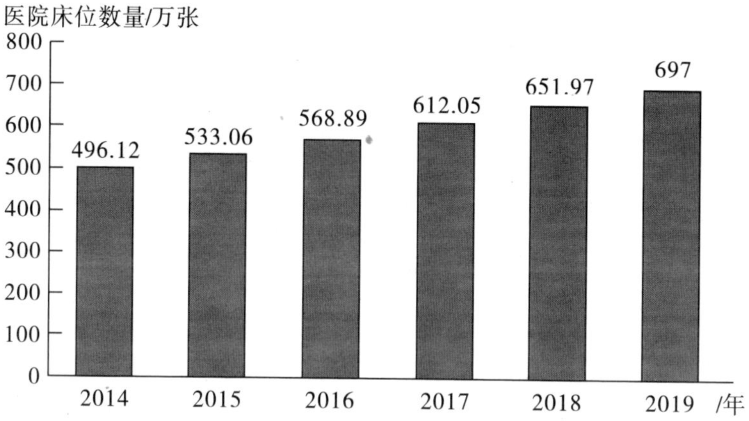

图 2-15　2014—2019 年全国医院床位数量统计

数据来源：国家统计局、智研咨询整理

三、不同医学专业需求情况

随着医药卫生事业的不断发展，各医药公司、制药厂是吸收医学毕业生的大户，制药业对人才的需求稳中有升，医药界的贸易、经销、检验和医药信息管理等专业对技术人员的需求较大。近几年，临床医学类人才依然走俏，基础医学类与护理学类专业就业不太理想；法医学的社会需求量有限，预防医学、口腔医学从理论上讲很有前途。据有关部门分析，将来从事老人医学的人才将走俏，保健医师、家庭护士也将成为热门人才。另外，专门为个人服务的护理人员的需求量也将增大。另外发展生化企业，研究开发代替进口的生化药品，也有着很好的市场前景。这方面的人才在市场上将会有不俗的表现。从 Choice 公布的数据来看，医药生物行业 2019 上半年平均月薪为 1.03 万元，在 28 个行业中位列 19，平均月薪中等偏下，并不是十分理想。但从同比变动分析，医药生物行业的薪酬同比变动为 11.75%，排在 28 个行业中的第六位，仅次于非银金融、采掘、公用事业、建筑材料、商业贸易之后，远高于其他 22 个行业，薪资提升速度较快。因此，对于医药人来说，虽然医药生物行业目前平均薪资不高，但几乎没有受到经济形势不稳定的任何影响，行业增长和薪酬增长都维持在一个稳定的高位，从过往的数据来看，医药行业不受经济影响的特性使得其成为当前最好的就业去向之一。

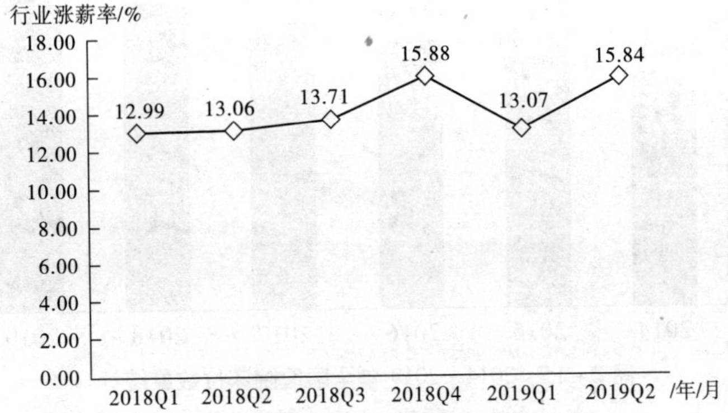

图 2-16　2018—2019 年医药行业涨薪率

数据来源：公共资料整理

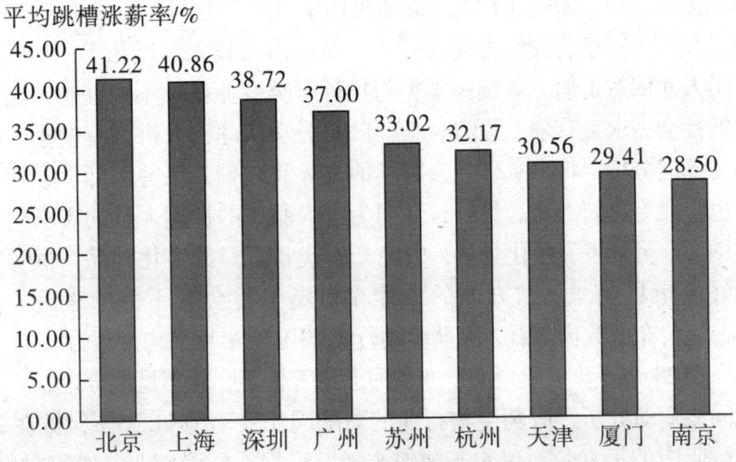

图 2-17　2018—2019 年医药行业平均跳槽涨薪率

数据来源：公共资料整理

四、医学毕业生就业总体状况

（一）就业人数上升，就业率日趋下降

由于高等医学院校连年扩大招生规模，医学毕业生的总量明显增加，就业形势一年比一年严峻，人才供需之间的天平也越来越失衡，医学毕业生也不例外。各层次医学毕业生由供不应求变为“研究生供不应求，本科生供求基本平衡，专科生供过于求”。重点院校比普通院校就业率要高；同一所学校内各专业就业率也有差异，预防、影像学、麻醉学和检验需求旺盛但毕业生少，临床等专业毕业生多但需求不旺，前者就业率略高于后者。但总的看来，医学生一次就业情况正呈逐年下降趋势，中心城市更是难以插足。

（二）新增岗位不足，且层次逐渐拉高

经过多年的不断培养和补充，城市的医疗人才状况得到了根本的改善，有的还出现了饱和或超编，很多医疗机构正进行人事制度改革和调整，用人指标有限，难以大量接受毕业生。而医学生都渴望进入中心城市的大医院工作，但是目前大部分二甲以上医院现有医疗人员数量饱和，要想进入比较困难。大医院对应聘者的学历要求比较高，除了个别岗位和特别优秀的人才，大医院的临床科室人员基本上都要求具有硕士或博士以上学历。中国医科大学附属第一医院副院长李系仁介绍，大医院要硕士、博士，目前这种用人取向全国都如此，本科生多为麻醉、影像、检验等专业部门接收。其他学历的除非是特别优秀的，否则不予考虑。因为现有医疗人员数量已经饱和，招人进来就是想提高质量。一家医院的人事科负责人告诉记者，在该院博士将享受人才引进待遇，硕士研究生享受的是“计划内指标”，而本科生实行的是“聘用制”。

（三）逃避就业现实，转而走考研之路

面对如此严峻的就业形势，一些毕业生也做好了两手准备，一边找工作，一边准备考研，这或许就是在逃避就业现实。然而在这种就业形势严峻的情况下，考研也就成为一个不错的选择，既能在

校园里继续享受单纯的生活，学习掌握更多的知识，同时也能够暂时有效地规避现实的就业压力。据了解，目前考研已经成为临床医学专业学生最多的选择，考研人多，落选的自然也多，因此连续考几年的也大有人在。在许多医学院校里出现了一个新的名词——“不就业族”。“不就业族”中大部分人想考研，小部分是想申请出国留学或自主创业。在广东某医学院，有一个班级 90% 的学生选择了考研，尤其是医疗专业的女生。

五、医学生就业难原因

造成医学毕业生就业难的问题除了人数增加、竞争趋于白热化，还有以下几个方面的原因：

（一）从用人单位来看

不少用人单位在选择大学生时存在或多或少的误区，主要有：

1. 医院过分关注文凭

不少医疗机构认为，学历越高越好，如现在三级及以上医院普遍需求临床专业的最低学历要求为硕士。选人学历化，结果是受聘人员水平和能力或与岗位不相适应，或造成人才浪费，现实工作中有些人的能力与文凭并不能直接画等号，不少本科或大专学生的业务能力并不比研究生业务能力差。

2. 存在性别歧视

女大学生明显处于劣势，不少用人单位考虑女大学生生理因素、婚姻因素、成就动机，以及生育保险费和女工劳动保护费用等。同等情况下，女大学生将来工作成本比男大学生高，这是女大学生就业难的主要原因。特别是某些专业如医学工程、影像工程、电子信息等，女生更受限制。

3. 生源地域歧视

不少用人单位希望招聘的大学生熟悉当地方言及风俗，甚至有一定的人际关系网等，选用人才时优先考虑本地人才，实行地区保护主义，不利于大学生公平竞争。如广东某些城市医院在招聘时都有不成文的规定，即本地生源毕业生优先考虑。

（二）从大学毕业生自身看

1. 诚信问题

不少毕业生发现求职时有一定的证书、文凭、履历能为找工作带来方便，有的大学生凭勤奋刻苦，在大学期间努力争取获得相关证书，不刻苦学生则通过投机取巧或造假来骗取企业初步信任，对大学毕业生整体形象造成一定的损害。

2. 大学生大多选择在发达地区、高薪部门就业，愿到欠发达地区工作的较少

北京大学毕业生就业指导中心主任李国忠指出："其实现在我国的很多地方还是很需要大学毕业生的，比如说基层单位、中西部地区、低收入的技术工作等，从这个意义上讲，大学毕业生也并不过剩！"山东中医药大学校长王新陆认为，大学毕业生就业难并不是人才过剩，而是结构性问题，人才过剩只是相对的现象。有一项对 3 000 余名本科毕业生的调查表明，首选到北京工作的高达 74.8%，首选去中西部地区的仅有 2%。这些毕业生的收入渴望值是每月 2 000 ~4 000 元，低于月薪 2 000 元坚决不干。这就表明大学毕业生有主动不就业的可能性。

3. 大学生的预期收入与用人单位提供的工资之间存在匹配上的困难

调查发现，19% 的医学毕业生期望薪酬为 1 500 元左右，61% 的医学毕业生期望薪酬为月均 2 000 ~3 000 元，20% 的医学毕业生期望薪酬为月均 5 000 元以上，待用人单位对应的医学毕业生开出的平均薪资 1 500 元左右，转正后才有一定的增长幅度。我国应届医学毕业生收入预期高估幅度在 33% 左右。

（三）从高校方面看

1. 知识陈旧，转化率低

被调查的 60% 用人单位反映，应届大学生到岗工作，学什么专业干什么工作，实际知识应用率不足 40%，而且多数学生表现出所学过的知识转化不出来，不能变成自己在岗的实际能力。我国

大学生一般适应周期1~1.5年才能独立完成工作，而发达国家的大学生到岗适应期是在2~3个月。在现今的知识经济时代，知识生产率已逐步替代了劳动生产率，生产知识的经济与用知识生产的经济正在悄然改变着人们的就业方式。

2. 高等医学教育的学科结构不尽合理，理论与实践脱节

虽然教育部对医学院校学科专业进行了调整，但由于各医学院校办学水平参差不齐，学科调整、专业设置仍难以适应医疗市场的需要，有很多高校在专业结构和人才培养方面存在一些问题，还不能适应社会需要。

3. 部分高校毕业生择业期望值与社会需求尚有一定差距

随着高等教育的大众化和社会就业形势的变化，多年来在高校就业指导工作系统的努力下，总体上毕业生的就业期望值已经发生了很大的变化，一大批高校毕业生响应国家号召，自愿选择到西部、基层，到国家急需的地方去就业。但是，由于受到家庭、社会舆论的影响，仍有相当一部分毕业生的期望值与社会现实有差距，在择业时更多考虑大城市、发达地区，待遇好的单位，不愿从基层做起、从具体工作做起。还有一些家长的观念未能转变，认为灵活就业不是就业，只有传统的、正规的就业才算就业。

（四）从国家层面看

1. 毕业生就业地域结构性问题

地域结构性差异突出反映在到西部、到基层就业的规模还十分有限，根源在于区域间经济和社会发展差距以及人事制度、分配制度等方面的影响。从区域结构看，尽管近年来采取了很多措施，但在已就业毕业生中，东部地区比例远远高于中西部地区，2008年东部地区仍吸纳51%，中部地区为28%，西部地区为21%；2009年东部地区吸纳50.4%，中部地区为28.4%，西部地区为21.2%。即使是中西部地区高校毕业生，也有相当一部分难以在当地落实就业。

2. 毕业生就业政策性问题

一些政策性障碍仍然存在，影响毕业生就业，特别是面向基

层就业。一方面，东部地区一些城市出于人口压力过大的考虑，限制有接收单位的毕业生落户，如北京、上海、深圳等一些城市，一些中小城市也准备效仿；另一方面，在引导高校毕业生面向基层就业方面面临很多困难。首先，欠发达地区和基层缺乏编制和资金，直接影响这些地区吸纳毕业生就业；其次，中小企业是毕业生到基层就业的重要空间，但是，社会保障方面不落实，使相当一部分毕业生望而却步；再次，近年来，毕业生自主创业和自谋职业发展较快，但是还存在一些制约因素，如申请小额担保贷款比较困难、政策不一、缺乏可操作性，以及缺乏启动资金和运行经费。此外，自主创业行政事业性收费减免数量有限，也影响到毕业生创办企业。

小资料

十个故事看大学生就业难

1．缺乏谋业意识，没有职业生涯规划

让我们看一个“三只动物的三年”的故事。

三只不同的动物被关进了笼子，天使对它们说，我可以各满足你们一个愿望。贪吃的猴子说：“我要很多很多的核桃。”浪漫的熊猫说：“我要一只美丽的雌熊猫。”勤奋的鸽子说：“给我一大沓信纸和一支笔吧。”

三年后，它们被动物保护协会放出来了。

第一个冲出来的是猴子，它抱着一大堆核桃，大喊大叫着：“给我砸开，给我砸开。”因为猴子忘了要榔头。第二个出来的是熊猫，只见它怀里抱着一只小熊猫，雌熊猫拉着一只小熊猫，后面还跟着一只小熊猫。最后出来的是鸽子，它激动地握住动物保护协会的人的手说：“这三年来我一直和外界保持着联系，我的鸽米生意不但没有停顿，而且还增长了200%。”

这个寓言给我们的启示是选择决定未来。什么样的选择就会带来什么样的工作成果。你今天的状况是你昨天选择的结果，你未来的状况取决于你现在所做的选择。所以，无论过去、现在，在我们身上发生了什么样的事情，你都不要抱怨，因为这都是你自己曾做出的选择。

什么是谋业意识呢？

谋业意识就是大学生在大学期间树立一种职业是要谋划要提前规划准备的意识，也就是说，大学生在毕业时所找到的工作并不只是大学四年所付出的努力的结果，而是大学生在整个大学阶段努力的回馈，毕业时的成果更多的是你大学整个阶段的收获，而不是你单纯哪一年的所得。这个道理大学生都懂，但有多少大学生是在大一或大二时就为就业做准备呢？

大学生没有树立谋业意识就不会提前为就业、职业做准备，从而也就影响了大学生在毕业时的就业抉择和未来的职业发展前程。

2. 没有职业自救意识，过度依赖外在人脉

有个关于观音的故事。某人在屋檐下躲雨，看见观音正撑伞走过。这人说："观音菩萨，普度一下众生吧，带我一段如何？"观音说："我在雨里，你在檐下，而檐下无雨，你不需要我渡。"这人立刻跳出檐下，站在雨中："现在我也在雨中了，该渡我了吧？"观音说："你在雨中，我也在雨中，我不被淋，因为有伞；你被雨淋，因为无伞。所以不是我渡自己，而是伞渡我。你要想渡，不必找我，请自找伞去！"说完便走了。

第二天，这人遇到了件难事，便去寺庙里求观音。走进庙里，才发现观音的像前也有一个人在拜，那个人长得和观音一模一样，丝毫不差。

这人问："你是观音吗？"

那人答道："我正是观音。"

这人又问："那你为何还拜自己？"

观音笑道："我也遇到了难事，但我知道，求人不如求己。"

这个故事给了我们什么启示呢？那就是成功者自救。

在职场上，人们难免会遇到各种各样的困难，但很多人在遇到困难时，首先想到的是求助于别人，却忘记了自身的巨大潜力。我们的潜力足以解决掉未来路上遇到的大多数困难，遗憾的是，很多人并没有去开发自己的潜力。

大学生没有职业自救意识体现在：一是在职业能力的积累上过多的重视人脉关系，将营造丰富广泛的人脉视为个人职业能力增强的主要方面，从而忽略了个人内在能力的培养与打造，一时的人脉可以助你成功，但长久的成就还是要依赖于个人的内在能力；二是在职业生涯发展中过多地依赖于人脉，这也是导致出现上一点的重要原因。如在毕业找工作时、个人职务晋升时，过多地依赖人际关系，过多地依赖亲朋好友的帮助，从而把最应该为职业发展负责的自我放在了后面，这将直接导致职业、事业发展阶段的断层与乏力。简单地说，要找到一份糊口的工作你可以依赖于别人，但要想在职业上有所作为就必须要靠自己了。

3. 不明职业自我，难以找到匹配职业

魏文王问名医扁鹊时说："你们家兄弟三人，都精于医术，到底哪一位最好呢?"

扁鹊答："长兄最好，中兄次之，我最差。"

文王再问："那么为什么你最出名呢?"

扁鹊答："长兄治病，是治病于病情发作之前。由于一般人不知道他事先能铲除病因，所以他的名气无法传出去；中兄治病，是治病于病情初起时。一般人以为他只能治轻微的小病，所以他的名气只及本乡里；而我是治病于病情严重之时，一般人都看到我在经脉上穿针管放血、在皮肤上敷药等大手术，就以为我的医术高明，名气因此响遍全国。"

这个故事告诉我们什么呢？那就是事后控制不如事中控制，事中控制不如事前预防。

可惜大多数的大学生均未能体会到这一点，等到错误的决策造成了重大的损失才寻求弥补。既然在职场犯下的错误都是我们自己前期忽视所造成的，那为什么不早些做好准备呢？

大学生在找工作时不知道自己适合什么工作，能做什么工作，这些都是因为大学生对职业自我的认识不清。职业上的所有成功都是由内而外的成功。职业自我是个人谋求职业发展的出发点和落脚点。人在职业上的抉择源于其对职业自我的不满与期望，职业自我直接决定了人的职业兴趣、职业能力、职业理想等职业发展因素。对职业自我的深刻分析才可能找到与自己匹配的职业，而开发职业自我的程度则决定了职业理想的实现程度。先天与后天的综合因素决定了人只可能最才可以也适合一类职业，分析职业自我的目的就是在主观上找到这个职业，并且最大化地发挥自己的优势。

4. 少有职业理想，不明职业实现通路

有一位军阀每次处决死刑犯时，都会让犯人选择：一枪毙命或是选择从左墙的一个黑洞进去，命运未知。

所有犯人都宁可选择一枪毙命也不愿进入那个不知里面有什么东西的黑洞。

一天，酒酣耳热之后，军阀显得很开心。

旁人很大胆地问他："大帅，您可不可以告诉我们，从这黑洞走进去究竟会有什么结果?"

"没什么啦！其实走进黑洞的人只要经过一两天的摸索便可以顺利地逃生了，人们只是不敢面对不可知的未来罢了。"军阀回答。

原来，看不到未来比死亡还可怕。

职业理想是个人在深刻准确的分析职业自我，并在充分明确职业环境的基础上形成的源于自我而又超越自我的职业期望。职业理想不是职业幻想，更不是职业空想；因为职业理想是可实现、可操作的，是自我在职业上的合理期望，是职业自我追求自我自由，达成自我实现的主观因素。一旦职业理想确定了，那实现职业理想的职业通路和职业方式就都确定了，如你要成为人力资源总监，那如何才能实现当人力资源总监的因素就都确定了。

如今大学生很少有职业理想，而误将职业理想视为职业空想，岂料不仅混淆了概念，更忽略了职业理想的实现，最终只能在不明职业通路的短暂而混乱的职业经历中，把职业理想摒弃了。

5. 不明专业出路，无法与职业理想相匹配

从前有个魏国人，想要到楚国去。他带了很多盘缠，雇了上好的车，买了骏马，请了驾车技术精湛的车夫，就上路了。楚国在魏国的南面，这个人不问青红皂白让驾车的人赶着马车一直朝北走去。一路上，他不听别人的指点劝告，仗着自己马快、钱多、技术精，朝着相反方向，一意孤行。而他走得越快，就会离楚国越远。

几乎所有人都知道这个南辕北辙的故事，良车、宝驹和高超的驾术并不能让那个魏国人到达目的地，因为他选错了方向。做正确的事，远比把事做正确更重要。在职业发展上，我们只有在弄清楚发展方向后，才能发挥自己的有利条件；如果方向错了，那么你的条件越好，错得就越远。

很多大学生在不知道专业出路的情况下盲目地形成了自己的职业理想，从而导致专业与职业的错位不对口，不能产生针对性的、相关性的支持，造成学非所用、用非所学的尴尬局面。

事实上，大学生要做的就是把专业正推，职业反推，两者如果可以找到相关或匹配，就说明专业可对职业理想产生直接或相关的支持。如你学的是行政管理，那你的出路可以做国家的公务员，也可做企业的管理工作，而你的职业理想是人力资源总监，那这两者间的职业匹配度就相当高了。

6. 不明职位要求，难以融入职业生活方式

有个鲁国人擅长编草鞋，他的妻子则擅长织白绢。他想迁到越国去。

友人对他说："你到越国去，一定会贫穷的。"

"为什么？"他对友人的说法很不理解。

"草鞋，是用来穿着走路的，但越国人习惯于赤足走路；白绢，是用来做帽子的，但越国人习惯于披头散发。凭着你的长处，到用不到你的地方去，这样，要使自己不贫穷，难道可能吗？"

这个故事告诉人们：一个人要发挥其专长，就必须适应社会环境需要。如果脱离社会环境的需要，其专长也就失去了价值。因此，我们要根据社会的需要，决定自己的行动，更好地去发挥自己的专长。

尤其是大学生在找工作时，根本不明确所要应聘或实践的职位要求，甚至也不衡量职业自我与职位要求间的匹配因素，就盲目地去应聘目标职位，只能导致两种结果：一是大量的应聘失败，另一种就是即使勉强进入了目标职位，也很难融入目标职业的生活方式，这时职位不是给个人造成大量的麻烦的职业心理问题，就是个人选择辞职或跳槽，从而增加职业发展成本。

7. 没有掌握职业技能，缺失职业核心竞争力

在一个漆黑的晚上，老鼠首领带领着小老鼠们出外觅食，在一家人的厨房内，垃圾桶之中有很多剩余的饭菜，这对于老鼠来说，无异于发现了宝藏。

正当一大群老鼠在垃圾桶及附近范围大挖一顿之际，突然传来了一阵令它们肝胆俱裂的声音——大花猫的叫声。老鼠震惊之余，各自四处逃命，大花猫毫不留情地穷追不舍，终于有两只小老鼠走避不及，被大花猫捉到。就在大花猫准备大快朵颐之时，传来一连串凶恶的狗吠声，吓得大花猫狼狈逃命。

大花猫走后，老鼠首领施施然从垃圾桶后面走出来说："我早就对你们说，多学一种语言有利无害，这次就因我懂外语救了你们一命。"

温馨提示：多一门技艺，多一条路。

大学生都有学习职业知识的观念，但还没有形成掌握职业技能的观念，职业技能是需要一定的操作练习才能掌握的职业能力，是衡量个人职业素质的重要因素，而这也是非一日之功可以打造的。观念、知识、经验、技能和道德是职业素质的五大因素，而职业技能是职业核心竞争力的核心部分，没有掌握职业技能，就很难达到职业上的不可替代，从而很难成为企业的核心员工，并且这种状况会持续广泛地影响个人日后的职业发展生涯。大学生职业技能的缺失会导致在职业社会化过程中的职业投机行为，即大学生只有两份力，但却在寻找三份钱的工作，如此不良的职业跨越发展，必定为日后的职业心理问题和职业跳槽埋下隐患。

8. 缺少职业见习，没有职业经历经验

一个人在高山之巅的鹰巢里，抓到了一只幼鹰，他把幼鹰带回家，养在鸡笼里。这只幼鹰和鸡一起啄食、嬉闹和休息，渐渐长大，羽翼丰满，这时主人想把它训练成猎鹰，可是由于鹰终日和鸡混在一起，已经变得和鸡完全一样，根本没有飞的愿望了。主人尝试了各种办法，都毫无效果，最后把它带到山顶上，一把将它扔了出去，鹰像块石头似的，直掉下去，慌乱之中拼命地扑打翅膀，终于，它飞了起来！

这个故事给我们的启示是：只有磨炼才能召唤成功的力量。

大学生在大学期间缺少相应的职业见习，从而导致没有职业经历和经验。大学生职业见习的目的：一是检验理论所做的职业选择；二是在实践中进一步学习职业知识；三是积累职业经验，为将来就业做准备。

职业见习是大学生职业生涯阶段的第一个尝试，是决定大学生是否成功度过待业准备阶段的标志。

9. 轻视职业道德，影响职业生涯的持续发展

有个老木匠准备退休，他告诉老板，说要离开建筑行业，回家与妻子儿女享受天伦之乐。老板舍不得他的好工人走，问他是否能帮忙再建一座房子，老木匠说可以。但是大家后来都看得出来，他的心已不在工作上，他用的是软料，出的是粗活。

房子建好时，老板把大门的钥匙递给他，“这是你的房子，”他说，“是我送给你的礼物。”

老木匠震惊得目瞪口呆，羞愧得无地自容。如果他早知道是在给自己建房子，还会那么心不在焉，应付了事吗？现在，他得住在一间粗制滥造的房子里了！

其实，我们每个人又何尝不是这样。我们漫不经心地“建造”自己的生活，不是积极行动，而是消极应付，凡事不肯精益求精，在关键时刻不能尽最大努力。等我们惊觉自己的处境时，早已深困在自己建造的烂“房子”里了。

把你当成那个木匠吧，想想你的房子，每天你敲进去一颗钉，加上去一块板，或者竖起一面墙，用你的智慧好好建造吧！你的生活是你一生唯一的创造，且不能抹平重建，因此即使只有一天可活，那一天也要活得努力认真，因为墙上的铭牌上写着：“生活是自己创造的。”

在职业素养的五大因素中，职业道德是大学生最轻视的因素。职业道德更多的是一种职业态度和职业规范，是职业行为有序、有效、可持续进行的必要保证。常常，做人比做事更重要。大学生要谋求更大的职业发展，内化学习职业道德则是必不可少的方面。概括来说，就是你的职业态度决定你的职业高度。

10. 盲目考取职业资格认证，抹杀职业自我和分散职业核心竞争力

有句著名的谚语：“一支箭无法同时射中几只鸟儿。”这听起来可能会让一些爱钻牛角尖的人误会，不是有“一箭双雕”的成语吗？但实际生活中，有几个人真正见到过“一箭双雕”的情景呢？

这个谚语蕴含了如下的两个道理：

第一，不要指望射出一支箭就实现多个目标，想通过仅仅一次的努力就把梦想全部实现或者把利益全部得到的可能性几乎不存在。所以，如果你想实现多个目标，就必须不断地射出自己的箭，不要怕不中，只要你射的箭多，即使命中率低，射中的概率也一定不低。成功其实与命中率高低无关，它直接决定于概率的高低。

第二，告诉我们必须要对自己的目标专心，射一支箭只能奔着一只鸟儿去，不要幻想同时命中很多只飞翔的鸟儿，否则，最后的结果只会是，哪只鸟儿也射不中。

大学生一个普遍的误区就是，以为考取更多的职业资格认证就代表职业能力的增强，即使目前用不上，但学了总是有用得上的地方的，这种学习的心理态度是对的，天下没有不劳而获的事，天下也没有劳而不获的事。但这种学习行为忽略了职业自我的适合性和职业核心能力的专注性。每个人都可以做很多事，但只要你可以踏踏实实地做好一件事，那就完全可以安身立命，甚至取得很好的成就。

大学生在职业发展上追求的不是什么都可以做，而是在一点上只有我可以做并且只有我做得最好。

第三节　医学类毕业生就业趋势

近几年，医学新增就业岗位量总体不足，目前大部分二甲以上医院现有医疗人员数量饱和，每个医疗单位的用人指标有限，新增岗位量相对于扩招以后的医学毕业生总数而言总体不足，医疗体制的改革及国家对医院行政性拨款的减少，医院编制每年增幅有限，招人多考虑应急、好用，不太顾及对后继人才的培养。所以，提高门槛是大医院的用人取向，全国基本一致。除了个别岗位和特别优秀的人才，大医院的临床科室人员基本上都要求具有硕士或博士以上学历。

麦可思研究院《2020 年中国大学生就业报告》指出：大学毕业生从事专业相关工作的比例趋稳，专业门槛要求最高。其中从事医护相关工作饭碗最“硬”。从本科学科门类来看，医学专业毕业生毕业半年后从事工作与专业相关的比例连续三届最高（2019 届为 92%），同时 2014 届毕业生五年后该比例也最高。医学类毕业生就业呈现出以下几大趋势：

（一）趋势一：住院医师规范化培训制度为医学类毕业生就业、择业创造条件

毕业后直接进入医院工作，一直是我国医学生就业的普遍模式，但 2010 年住院医师规范化培训制度为医学类毕业生创造了新的条件和环境。2010 年 2 月 23 日《关于公立医院改革试点的指导意见》公布，提出逐步探索建立符合医学人才成长规律、适应我国国情的住院医师规范化培训制度，把住院医师培训作为全科医生、专科医生培训的必经环节。

住院医师规范化培训是医学教育的特有阶段，是医学专业毕业生完成院校教育后，接受以提高临床技能为主的系统、规范的教育阶段，是医学生成长为合格临床医师的必由之路。目前，美国、英国、澳大利亚等发达国家及我国香港、台湾地区均已建立了较为完善的住院医师规范化培训制度，在国内，上海的一些医疗机构也已开始展开试点工作。

以试点城市上海为例，培训对象为具有本科及以上学历、拟从事临床工作的医学毕业生，培训时间为 3 年。培训对象的工资待遇和绩效奖励按照其学历和资历情况，参照其所在培训医院同类人员水平发放，同工同酬。培训期间依法参加养老、医疗、失业、生育、工伤、公积金等社会保障，享受国家法律法规规定的以及合同约定的相关福利待遇。作为培训制度的配套政策，上海市各家医院的临床岗位将把是否有住院医师规范化培训合格证书作为采用基本条件，从而保证学员们完成培训后有足够的工作岗位。

（二）趋势二：基层就业的政策保障将给医学毕业生带来更大动力

“基层医院招人难、基层工作条件差、工资福利待遇低、社会保障机制不健全、有岗无编、没有高年资医生带、业务容易荒废、职称晋升机会较少”，这些往往是医学类毕业生不愿意到基层就业的主要原因。

2020 年起的医学类毕业生就业，将会感受到更大的动力，政策保障也将更为完善。我国在《中国医学教育改革和发展纲要(2001—2015)》中提出，高等医学教育采取多种形式为农村输送专科以上的医药卫生人才，是我国“十五”期间医学教育工作的重点：在有需求又有条件的地区，将部分医学高等专科学校改建为本科院校，为农村培养本科医学人才；在部分边远、贫困和高等医学教育资源贫乏的地区，重点发展专科层次的高等医学教育。到 2005 年，新补充的乡村医生均应至少具有中等卫生学校中专学历；到 2015 年，经济或教育发达地区的乡村医生应具有高等医学院校专科以上学历，经济或教育中等发达地区的部分乡村医生应具有高等医学院校专科以上学历。针对医学毕业生不愿意到基层就业和农村卫生人才短缺间的矛盾提出要免费培养定向生到乡镇卫生院就业，另外对志愿去中西部地区乡镇卫生院工作 3 年以上的医学类高校毕业生，其学费（助学贷款）由国家实行补偿（代偿）。对到山区乡镇卫生院连续工作 5 年的医学院校本科生，将给予每人每年 5 000 ~ 7 000 元的补助。

各省（自治区、直辖市）也在不断探索如何更好地为医学毕业生的基层就业提供保障，以江苏省为例，由江苏省卫生厅牵头，江苏省财政厅、江苏省人事厅、江苏省编制办、江苏省教育厅共同组织实施“公开招募医学类相关专业人员到苏北、苏中经济薄弱地区乡镇卫生院工作”项目，从国家计划内统招的医学类相关专业普通高校全日制本科及以上应、往届毕业生中招募医学类毕业生，服务期限一般不少于 3 年。享受事业单位工作人员工资和福利待遇；由江苏省财政按每人每年 2.5 万元标准下达专项补助经费至个人；自 2008 年起，县（市、区）卫生事业单位公开招聘工作人员，每年须拿出不少于当年招聘人数 30% 的计划，定向招录在乡镇卫生院（农村社区卫生服务中心）工作满 5 年、年度考核合格以上、表现比较优秀的毕业生；报考硕士研究生的，初试总分加 10 分，同等条件下优先录取；招募到苏北、苏中经济薄弱地区乡镇卫生院（农村社区卫生服务中心）工作的本科毕业生同时被高校录取为研究生的，保留学籍，到乡镇卫生院（农村社区卫生服务中心）工作满 3 年以后，可以回校继续就读；可提前一年报考中级卫生专业技术资格考试。这些优惠政策对于医学类毕业生来说还是有很大吸引力的。

（三）趋势三：医学小专业就业形势趋好

根据 2020 年招聘会的需求信息分析，虽然从总数上看还是临床医学这类大专业需求人数多，但医学专业当中的小门类，例如影像、检验、麻醉等医学小专业的毕业生受到基层医院的青睐，市场需求也越来越大，就业形势趋好。另外，男护虽然并不像传说中就业那么好，但是因为护理专业男生比较少，在体力方面，男护士也比女护士更有优势，例如急诊室、手术室、ICU 都比较需要男性；在急救方面，男性的行动和反应也相对要迅速得多。所以男护的就业前景也比较乐观。

有专家由此预测，2020 年以后全国普通高校应届大学毕业生就业的五个趋势：①从就业地域看，有从“大”到“小”的趋势；②从就业行业所有制看，有从“公”到“私”的趋势；③从收入水平看，有从“多”到“少”的趋势；④从就业时间看，有从“长”到“短”的趋势；⑤从就业期望值看，有从“高”到“低”的趋势。

思考与讨论：

1. 访谈专业课老师，了解本专业学生将来的主要就业渠道。
2. 访谈校友，了解本专业近几年的就业状况及趋势。

第三章　就业政策及制度

学习目标：

1. 熟悉大学生就业政策。
2. 了解大学生就业管理体制。
3. 掌握国家对大学毕业生的优惠政策。

第一节　现行的就业政策

一、宏观就业政策

国家关于高校毕业生就业的政策主要体现在两个文件中：一是2002年3月4日印发的国务院办公厅19号文件，即《国务院办公厅转发教育部等部门关于进一步深化普通高等学校毕业生就业制度改革有关问题意见的通知》；二是2002年10月14日印发的教学〔2002〕16号文件，即《教育部公安部人事部劳动保障部关于切实做好普通高等学校毕业生就业工作的通知》。这两个文件规定现在及今后一个时期内高校毕业生就业工作的主要政策是：贯彻统筹安排、合理使用、加强重点、兼顾一般和面向基层，充实生产、科研、教学第一线的方针，坚持“公开、公正、择优、自愿”的原则，实行“市场导向、政府调控、学校推荐、学生和用人单位双向选择”的就业模式。国家采取措施，鼓励和引导毕业生到边远地区、艰苦行业和国家急需人才的地方去工作。

文件规定：要有计划地吸收一部分品学兼优的毕业生充实到基层机关。有条件的省市可试行预备公务员制度，组织应届大学毕业生到基层支教、到农村支农或到企业锻炼，两三年后，选拔优秀人员到机关工作。今后基层机关的领导、企业的主要领导和总会计师以及金融、工商、税务、审计、技术监督等部门的领导和专业工作岗位，应由具备大学学历并持有相关专业证书的高素质的人员担任。工商、税务、审计、公安、司法以及银行、保险等部门，其人员补充应主要从普通高校应届毕业生中选拔。选拔毕业生要坚持公开、公平、公正和择优的原则，杜绝不正之风的干扰。

文件要求：要积极拓宽毕业生的就业渠道。国有企事业单位要进一步加大吸收毕业生的工作力度，做好人才结构调整和人才储备工作。要消除毕业生就业的各种障碍，根据实际情况，放宽对毕业生就业地区和部门的限制。积极支持和鼓励集体、私营、联营、股份制等经济类型的企业接收毕业生，对毕业生到这些单位工作要给予支持和帮助，解除他们的后顾之忧。按有关政策规定并采取有效措施解决相关的派遣、户籍、档案、职称评定等管理工作。

2014 年国务院办公厅颁发《关于做好 2014 年全国普通高等学校毕业生就业创业工作的通知》（国办发〔2014〕22 号），该通知指出：高校毕业生是国家宝贵的人才资源。做好高校毕业生就业创业工作，对于保持就业形势稳定，促进经济社会健康发展具有重要意义。党的十八届三中全会、中央经济工作会议对做好当前和今后一段时期高校毕业生就业创业工作提出明确要求，国务院对做好今年高校毕业生就业创业工作做出新的部署，提出鼓励高校毕业生到城乡基层就业，鼓励小型微型企业吸纳高校毕业生就业，实施大学生创业引领计划，深入实施离校未就业高校毕业生就业促进计划，加强就业指导、就业服务和就业援助，进一步创造公平的就业环境，推动创新高校人才培养机制，加强对高校毕业生就业创业工作的组织领导，力争实现高校毕业生就业和创业比例都有所提高，确保高校毕业生就业形势稳定。

2019 年国务院办公厅颁发《关于进一步做好稳就业工作的意见》（国办发〔2019〕28 号），该通知指出：当前我国就业形势保持总体平稳，但国内外风险挑战增多，稳就业压力加大。针对高校毕业生等青年的稳就业问题，提出继续组织实施农村教师特岗计划、“三支一扶”计划等基层服务项目。公开招聘一批乡村教师、医生、社会工作者充实基层服务力量。扩大征集应届高校毕业生入伍规模。扩大就业见习规模，适当提高补贴标准，支持企业开发更多见习岗位。

2020 年教育部会同 20 多个部门出台了 30 多项政策措施，全力推进高校毕业生就业。在完善促就业政策体系方面，针对增加升学机会，教育部出台了硕士研究生、专升本、第二学士学位面向国家战略和民生发展急需专业扩招的政策。针对基层就业，出台了扩大“特岗计划”“三支一扶”招录规模、扩大城乡社区和基层医疗就业岗位、开发科研助理岗位吸纳就业等政策。对企业稳岗扩就业，出台了减免和缓缴社保费、返还失业保险费、发放各类就业补贴等政策。针对职业资格条件，出台了教师、护士、律师等职业资格“先上岗、再考证”等政策。

二、微观就业政策

（一）本专科毕业生就业政策

本专科毕业生在国家就业方针政策指导下，通过“供需见面、双向选择”在一定范围内自主择业；已落实工作单位的毕业生由国家负责为其办理就业手续；在规定时间内未落实工作单位的毕业生，学校将档案、户口转回其家庭所在地，由当地毕业生就业指导服务机构帮助推荐就业。毕业生报到统一使用《全国普通高等学校毕业生就业报到证》和《全国毕业研究生就业报到证》（以下简称《报到证》）。《报到证》由教育部授权各省主管毕业生调配部门审核签发，特殊情况可由教育部直接签发。用人单位一律凭《报到证》接收毕业生，各地公安机关办理户口手续。毕业生报到期限一般为一个月。一旦由于某种原因，不能按期报到的，应采取书信、电话、E-mail 等形式向接收单位请假说明情况。否则用人单位有权拒收。毕业离校时尚未就业并派遣回生源地的毕业生可在两年择业期内继续选择就业单位，报到期限随之适当延长。报到后工资工龄的规定：毕业生上半个月报到的发全月工资；下半个月报到的，发给半个月工资。根据劳动部〔1982〕劳险便字 9 号规定：高等院校、中专学校和技工学校学生延期毕业的，应从他们正式报到之日起计算工龄。

（二）委托培养、联合办学毕业生就业政策

委培生是指用人单位委托高校培养的学生。委培生要按照委培协议派遣，确因委培单位关、停、并、转不接收的，应由委培单位主管部门出具证明，经市毕业生就业主管部门审核同意就近安排就业，跨市安排就业的要报省毕业生就业主管部门审批。

学校和地方联合办学培养的毕业生原则上会联办地区就业，如因特别情况改变就业去向的，须经联办地区毕业生就业主管部门的同意，报省毕业生就业主管部门审批后，方可改变就业去向。

（三）定向生就业政策。

定向生，即定向招生定向就业的学生主要有两种：①贫困地区定向生；②行业定向生。定向生原则上按照入学合同就业。如遇家迁、升学、留校、参军等特殊情况，要出具相关证明材料，原定向地区的主管部门和所到地区的毕业生接收部门同意，并报送省毕业生就业主管部门审批后，方可改变就业单位。

（四）享受国家专业奖学金及享受艰苦行业、地区或特殊岗位定向奖学金的毕业生就业政策

享受师范、农林、民族、体育、航海等国家专业奖学金及享受艰苦行业、地区或特殊岗位定向奖学金的毕业生原则上按国家计划就业，对不服从就业计划自谋职业的，需补缴在校学习期间普通专业的学费并返还定向奖学金、专业奖学金。

（五）结业生的就业政策

结业生就业必须在《报到证》上注明“结业生”字样；在规定时间内未联系单位的，其档案、户籍关系转至家庭所在地（家住农村的保留非农业户籍），自谋职业。已被录用的结业生，在国家财政拨款单位就业的，其工资待遇按照国务院有关文件规定，比国家规定的普通高校毕业生工资标准低一级。结业生在一年内补考及格换发毕业证书者，国家承认其毕业资格，工资待遇从补发证书之日起按大学毕业生对待。

（六）来自边远省区毕业生的就业政策

来源于边远省区的本、专科毕业生，只要是边远省区急需的，原则上应回来源省区就业。边远省区特指以下10个省（自治区）：内蒙古自治区、黑龙江省、广西壮族自治区、贵州省、云南省、西藏自治区、甘肃省、宁夏回族自治区、青海省、新疆维吾尔自治区。

（七）毕业生自费出国留学的政策

毕业生可以申请自费出国留学，申请自费出国留学的毕业生不参加就业，凭国（境）外大学的录取通知书，在学校规定的期限内提出申请，经学校教务处和毕业生就业管理部门审核同意后，不列入就业计划。毕业生集中离校时未办妥出国手续的，原则上将其户口转至家庭所在地，继续办理出国手续。

（八）患病毕业生的就业政策

学校应在毕业生毕业前认真负责地对毕业生进行健康检查，不能坚持正常工作的，让其回家休养。一年内治愈的（须经学校指定县级以上医院证明能坚持正常工作的）可以随下一届毕业生就业；一年以后仍未痊愈或无用人单位接收的，户籍关系和档案材料转至家庭所在地，由其自谋职业。

（九）考取当年研究生的毕业生就业政策

按国家计划从应届毕业生中招收录取的研究生，原则上不再办理就业手续。因特殊情况需要工作的，须征得录取院校（单位）同意，然后向学校提出申请，经学校研究并报省级毕业生就业主管部门同意后，方可办理有关手续。

（十）残疾毕业生的就业政策

国家政策规定，对残疾毕业生学校应帮助其就业，确有困难的，按有关规定由生源所在地民政部安置。必要时，学校可与民政部门联系安排残疾毕业生的工作单位。

（十一）肄业生的就业政策

大学肄业的学生由学校发给肄业证书，国家不负责其就业派遣，并将其档案和户口转回其生源所在地，由其自谋职业。

（十二）对违约毕业生的就业政策

大多数毕业生就业是由学校根据社会需求直接和用人单位见面，或是毕业生经“供需见面”和“双向选择”后，以就业协议书的形式固定下来。国家为维护广大毕业生的利益，要求用人单位维护毕业生就业协议的严肃性，就业协议一经形成，用人单位不得拒收毕业生，否则按违约处理，用人单位必须缴纳违约金，并给毕业生一定的经济赔偿。同样，也要求毕业生不能违约，不能随意更换单位。若有些毕业生由于各方面原因需要单方面违约，必须报经用人单位同意后，才能进行二次择业，否则学校不予办理相关手续，并应视情况追究其违约责任。

（十三）鼓励毕业生到西部及基层工作的政策

按照《国务院办公厅关于做好 2013 年全国普通高等学校毕业生就业工作的通知》（国办发〔2013〕35 号）和《国务院关于进一步做好普通高等学校毕业生就业工作的通知》（国发〔2011〕16 号）等文件规定：各地要根据统筹城乡经济和加快基本公共服务发展的需要，大力开发社会管理和公共教育、医疗卫生、文化等领域服务岗位，增加高校毕业生就业机会。对到农村基层和城市社区从事社会管理和公共服务工作的高校毕业生，符合公益性岗位就业条件并在公益性岗位就业的，按照国家现行促进就业政策的规定，给予社会保险补贴和公益性岗位补贴。对到中西部地区和艰苦边远地区县以下基层单位就业、并履行一定服务期限的高校毕业生，以及应征入伍服义务兵役的高校毕业生，按规定实施相应的学费补偿和国家助学贷款代偿。自 2012 年起，省级以上机关录用公务员，除部分特殊职位外，均应从具有 2 年以上基层工作经历的人员中录用。市（地）级以下机关特别是县乡机关招录公务员，应采取有效措施积极吸引优秀应届高校毕业生报考，录用计划应主要用于招收应届高校毕业生。对具有基层工作经历的高校毕业生，在研究生招录和事业单位选聘时实行优先。

（十四）应届毕业生报考国家公务员的政策

国家行政机关、其他国家机关和国家公务员制度管理的事业单位从高等学校应届毕业生中录用国家公务员，一律实行考试考核、择优录用的办法。高校应届毕业的研究生、本科生、大专生，符合国家报考条件的均可报考。被录用为国家公务员的毕业生与组织者人事部门签订就业协议书，属于就业范围。

（十五）应届毕业生到部队就业政策

军队接收大学生与应征入伍不同，其主要区别如下：征兵入伍属于服役，具有义务性，属于当兵服役。而接收地方高校毕业生，是指接收高校应届生，直接来担任军官或文职职务。高校毕业生参军入伍的程序：毕业生根据部队需要报名；部队对毕业生进行考核、体检，与接收对象签订协议；毕业生就业主管部门签证、派遣；部队统一办理接收对象入伍手续；组织入伍的毕业生军训，见习锻炼；见习期满的毕业生定岗位任职。

（十六）自谋职业和创业的政策

国家鼓励和支持毕业生自主创业、自谋职业。对符合条件的高校毕业生自主创业的，可按规定申请小额担保贷款。从事社区服务的自主创业的毕业生，经县以上主管税务机关逐年审核批准，可免征营业税、个人所得税 3 年，城市维护建设税和教育费附加随营业税一并免征。毕业生创办从事咨询、信息、技术服务的独立核算企业或经营单位的，经税收部门批准，免征所得税两年，从事交通运输、邮电通信的企业或经营单位，经税收部门批准，第一年免征所得税，第二年所得税减半。从事公用事业、商业、物资业、对外贸易业、旅游业、仓储业、居民服务业、饮食业、教育文化事业、卫生事业的企业或经营单位的经税收部门批准，免征所得税一年。高校毕业生到高校贫困地区创办企业，经主管税务机关的批准，可减免或免征所得税 3 年。对高校毕业生在毕业年度内参加创业培训的，根据其获得的创业培训合格证书，给予一定额度免息贷款、税收优惠及培训补贴等优惠。进入“高校学生科技创业基地”创办企业或科技型创业的，可享受更优惠的创业贷款贴息及补贴资金。

（十七）第二学士学位毕业生就业政策

国家规定，在校攻读第二学士学位，修业期满，获得第二学士学位后，原则上按第二学士学位推荐就业。这和普通高校招收的本科生就业基本一样，即一是服从国家需要，二是坚持学以致用。在职人员攻读第二学士学位，修业期满，不论是否获得第二学士学位，均回原单位安排工作。已获得第二学士学位的毕业生工作后起点工资和研究生班毕业生工作待遇相同。未获得第二学士学位，仍按本科生对待。

（十八）考研毕业生就业政策

多数考研毕业生在择业时考研结果未定，应在协议中向用人单位声明，并且双方达成共识，如果被录为研究生，就业协议自动失效；否则不能签订就业协议。

（十九）见习试用期的规定

根据国家有关文件规定，毕业生到工资岗位后，事业单位实行见习期一年，私企按照《劳动合同法》约定试用期。见习期满后，经考核合格后转正定级。否则，可延长见习期半年到一年。延长见习期考核仍不合格的，待遇比定级工资标准低一级。

第二节　毕业生就业管理体制

从新中国成立至改革开放初期，我国就业管理工作主要是由负责高校毕业生分配工作的国家计委、教育部（原国家教委）和劳动人事部共同负责的。大体管理体制是：国家计委负责制订高校毕业生的分配计划；教育部负责制订调配计划和毕业生毕业后一年实习期内分配不当的调整；劳动人事部负责毕业生转正后，对使用不当的进行调整和管理。1985 年，根据《中共中央关于教育体制改革的决定》提出的改革高校招生计划和毕业生分配制度的要求，使高校具有主动适应经济和社会发展需要的积极性。经国务院批准，自1986年起，高校各类毕业生的就业、调配工作，由国家教委统一主管。目前，我国已经形成职责明确、条块结合的毕业生分级就业管理体制。毕业生就业采取国家宏观调控，教育部、人事部、国家计委、财政部、劳动保障部、公安部等有关部门密切配合，国务院其他部委和各省、自治区、直辖市分级负责，各高等学校毕业生就业由教育部归口管理的办法。主要职责分工如下：

（1）教育部。制定全国毕业生业工作法规与政策，部署全国毕业生就业工作；组织研究并指导实施全国毕业生就业制度改革；收集和发布全国毕业生供需信息，指导和管理毕业生就业供需见面、双向选择活动；编制全国毕业生就业计划，制订教育部直属高校毕业生就业计划和部委、地方所属高校抽调计划；负责全国毕业生就业计划协调工作和管理全国毕业生调配工作；开展毕业生就业工作的科学研究和宣传工作；检查毕业生的使用情况。

（2）国务院有关部委主管部门。根据国家的有关方针、政策和教育部的统一部署，提出本部门毕业生就业的具体工作意见；及时向教育部报送所属院校毕业生就业计划和本部委需求信息；组织协调所属院校毕业生就业计划；组织开展所属院校毕业教育、就业指导工作；负责本部门毕业生的接收工作，了解和掌握毕业生的使用情况；开展有关毕业生工作改革的研究和宣传工作。

（3）省、自治区、直辖市主管部门。根据国家有关方针、政策和教育部的统一部署，提出本地区毕业生就业的具体工作意见；负责本地区毕业生的资源统计工作，收集需求信息，制订就业计划，及时报送教育部；组织管理本地区毕业生参加供需见面会和双向选择活动，组织开展毕业教育、就业指导工作；受国家教育部委托，组织实施本地区高校毕业生的资格审查，并负责毕业生的调配派遣和接收工作；检查、监督本地区用人单位和高等学校的毕业生就业工作；开展毕业生就业制度改革的研究和宣传工作；完成教育部交办的其他工作。

（4）高等学校。根据国家就业方针、政策和规定以及上级主管部门的意见，制定本校的工作细则；负责本校毕业生的资格审查工作，及时向上级主管部门和地方调配部门报送毕业生资源情况；收集与发布需求信息，开展供需见面和双向选择活动，负责毕业生的推荐工作；按照主管部门的要求，提出毕业生就业建议计划；开展毕业教育和就业指导工作；负责办理毕业生的离校手续；开展与毕业生就业有关的调查研究工作；完成主管部门交办的其他工作。

（5）用人单位。及时向主管部门报送毕业生需求计划，向有关高等学校提供需求信息；参加供需见面会和双向选择活动，如实介绍本单位情况，积极招聘毕业生；按照国家下达的就业方案接收、安排毕业生；负责毕业生见习期间的管理工作；向有关部门和学校反馈毕业生的使用情况。

高校毕业生就业制度作为劳动人事制度的一个组成部分，随着社会主义市场经济的确立，我国市场经济体制的改革，逐步形成了“市场导向、政府调控、学校推荐、毕业生和用人单位供需见面、双向选择”的就业制度，取代了原有计划经济条件下的“统包统分”就业制度。

一、计划经济条件下的大学生就业制度

中华人民共和国成立初期，举国上下集中精力搞生产，在当时大规模经济建设的背景下，高校毕业生自然被视为一种稀缺资源。1950 年，国家根据政治形势和经济建设的需要，提出了“统一计划、兼筹并顾”，“集中、重点配备”的方针，以及“在适应国家建设需要的基础上贯彻学用一致的原则”，实行与计划经济相适应的毕业生“统包统分”制度。国家对全日制普通高等院校大中专学生实行“统招统分”，即国家制订招生计划，并对计划内招收的学生的教育培养实行全额拨款，学生在校期间的学费由国家统一支付，学生毕业后由国家统一分配工作。毕业生一般不得跨部门、跨地区就业，严格限制在一定范围内，毕业生和用人单位互不见面，互不了解，但双方都必须服从主管部门下达的分配计划。

二、改革开放后的大学生就业制度

十一届三中全会以后，随着我国经济发展和劳动人事制度改革的不断深入，大学生就业制度也开始进行改革。其发展过程大致可以分为三个阶段：供需见面、双向选择和自主择业。

（一）第一阶段：供需见面

从20世纪80年代初开始，国家在对高校大学生继续实行计划派遣就业的同时，紧密结合经济体制和教育体制改革的实践，对毕业生分配工作进行了一些积极的探索和尝试，相继出台了一些改革措施和办法。

1983年，为了使高校毕业生能更好地适应“四化”建设的需要，教育部确定将清华大学、上海交通大学、西安交通大学和原山东海洋学院4所院校作为进行学校与用人单位“供需见面”的试点。

1984年，在继续进行“供需见面”试点工作的同时，根据高等学校毕业生分配使用中存在的用非所学、专业不对口以及分配渠道部畅通等问题，教育部提出“扩大高等学校分配毕业生权限”。

1985年，《中共中央关于教育体制改革的决定》（以下简称《决定》）颁布实施，这是发展我国教育事业的纲领性文件，在我国教育史上树立了一座新的丰碑。《决定》指出，对我国招生计划内的学生，其毕业分配实行在国家计划指导下，由本人选报志愿、学校推荐、用人单位择优录取的制度。这项决策使毕业生就业制度的改革迈出了关键一步，为毕业生就业制度的改革奠定了基础。

在此阶段学生入学后培养费仍然由国家全部承担，学生毕业后仍由国家负责统一分配。但是在制订分配计划、扩大用人单位选择权、增加分配工作的透明度以及学校如何适应社会和经济的发展方面都做了较大的改革。这种在一定范围内的“供需见面”的办法，对于克服原来统包统配的弊端，为适应社会和经济发展的需要都起到了很好的作用，受到了学校和用人单位的欢迎。

（二）第二阶段：双向选择

1989 年，国务院下达文件，批准了原国家教委提出的《高等学校毕业生分配制度改革方案》（又称“中期改革方案”）。改革的目标是在国家就业方针、政策指导下，逐步实行毕业生自主择业、用人单位择优录用的“双向选择”制度。中期改革方案是根据现实的改革条件和改革环境制定出的过渡性方案，将竞争机制引入高校，使毕业生就业走向市场化。到 1994 年高等院校已基本上全部按照“中期改革方案”就业模式就业。

双向选择阶段的主要特点是：以学校为主导，向社会推荐毕业生就业。毕业生和用人单位在一定范围内双向选择，由学校推荐，毕业生选报志愿，按照有关规定在一定范围内选择职业，用人单位择优录用。对经推荐未被录用的少数毕业生，则由本人自谋职业。此外，国家为解决某些边远地区和工作条件比较艰苦的行业及重点单位对毕业生的需求，在招生任务中安排一定比例，实行定向招生、定向就业。调节性计划招收的委托培养学生，毕业后到合同规定的地区、单位就业，自费生毕业后自主择业。

（三）第三阶段：自主择业

1993 年，中共中央、国务院颁布了《中国教育改革和发展纲要》（以下简称《纲要》）。《纲要》明确指出毕业生就业制度改革的目标是：改革高等学校毕业生“统包统分”和“包当干部”的就业制度，实行少数毕业生由国家安排就业，多数学生“自主择业”的就业制度。按照改革目标的要求，随着社会主义市场经济的发展和劳动人事制度改革的深化，除对师范学科和某些艰苦行业、边远地区的毕业生实行在一定范围内定向就业外，大部分毕业生实行在国家方针政策指导下，通过劳动力市场，采取“自主择业”的就业办法。在这种就业体制下，大部分毕业生将按照个人的能力、条件到人才市场参与竞争，不再依靠行政手段由国家保证就业；用人单位也只能用工作条件及优惠待遇吸引毕业生，不能等待国家用行政命令的办法给予保证。高等学校主要为毕业生“自主择业”提供服务，与此相配套，通过建立人才需求信息、就业咨询指导、职业介绍等社会中介组织，为毕业生的就业提供服务。

1994 年，为加快教育体制改革的步伐，国家教委发出《关于进一步改革普通高等学校招生和毕业生就业制度的试点意见》，提出：从招生开始，通过建立收费制度，改变学生上大学由国家包下来、毕业时由国家包安排职业的做法。同时建立相应的奖学金、贷学金，鼓励学生努力学习，引导学生毕业后参与劳动力市场的竞争，国家不再以行政分配而是以方针政策指导，以奖学金制度和社会就业信息来引导学生自主择业，逐步建立起学生上学自己缴纳部分培养费用、毕业后“多数人自主择业”的机制。

1997 年，全国高校全部实行并轨招生，至此，在中国免费接受本专科教育成为历史。

1999 年，国务院批准了教育部关于“面向 21 世纪教育振兴行动计划”的文件，在这个计划中，对毕业生就业制度改革提出了明确要求，即在 2000 年左右建立起比较完善的毕业生就业制度。在这之后，教育部又对建立起比较完善的把管理、服务、咨询结合在一起的毕业生就业和就业指导体系问题提出了明确的要求。同时教育部发文，决定取消毕业生发派遣证的做法，改用毕业生就业报到证。这标志着我国结束了计划、分配、派遣就业制度的历史，开始了以市场为导向的就业制度。

三、我国现行的大学毕业生就业制度

社会主义市场经济体制的建立和完善，促进了社会的深刻变化，也为大学毕业生求职择业提供了良好的社会环境和广阔的天地。

1999 年，高校开始扩招，高等教育招生规模在短短的 5 年时间里增加了 2.5 倍，毕业生出现了局部的和结构性的供大于求，毕业生就业形势严峻。

2000 年，教育部将高校毕业生就业的“派遣证”改为“报到证”，这标志着大学毕业生就业基本实现了“双向选择、自主择业”的就业模式。

2002年3月，经国务院批准，国务院办公厅转发了由教育部、公安部、人事部、劳动和社会保障部联合下发的《关于进一步深化普通高等学校毕业生就业制度改革有关问题意见的通知》，文件中指出：“高校毕业生就业工作要以‘三个代表’重要思想为指导，紧紧围绕促进国家经济发展和社会稳定的大局，采取积极有效的措施，进一步转变大中专毕业生的就业观念，建立市场导向、政府调控、学校推荐、学生与用人单位双向选择的就业机制，努力实现高校毕业生的充分就业。”

2004年初，国务院再次明确提出“市场导向、政府调控、学校推荐、双向选择”的就业政策，真正实现了“以市场机制为主导”的人才资源配置机制。

现阶段大中专毕业生的就业制度主要有以下内容：大中专学校毕业生就业应贯彻统筹安排、合理使用、加强重点、兼顾一般和面向基层，充实生产、科研、教学第一线的方针。在保证国家需要的前提下，贯彻学以致用、人尽其才的原则。在计划安排上要优先考虑国家和地方重点基础建设上的需要，尤其要保证在艰苦地区的国防军工和科研等重点单位的需要。国家采取措施，鼓励和引导毕业生到边远地区、西部、集体企业、私营企业、股份制企业等非国有制单位就业。建立由学校和有关部门推荐，学生和用人单位在国家政策指导下，通过人才市场双向选择、自主择业的毕业生就业制度。

小资料

我国劳动人事制度变革历程

1983年2月，原劳动人事部发布《关于积极试行劳动合同制度的通知》，提出今后无论全民所有制单位，还是区、县以上集体所有制单位，在招收工人时，都必须与被招用人员签订劳动合同。

1986年，国务院发布了一系列旨在建立劳动合同制的就业制度的文件，规定企业在国家劳动工资计划指标内，招收常年性工作岗位上的工人，统一实行劳动合同制，国家机关、事业单位和社会团体在常年岗位上招用的工人，应当按照该规定执行。通过签订合同的形式，确定劳动者和用人单位双方的义务、责任和权利。

1994年7月，第八届全国人民代表大会常务委员会第八次会议审议通过了《中华人民共和国劳动法》（以下简称《劳动法》），并决定自1995年1月1日起实施。

1995年12月，人事部正式提出推行人事代理制，使之规范化、法制化，预示着人事代理将促进人才产业化，最终使人事管理变成一种公众服务。人事代理的服务内容包括被代理人员人事档案的收集、整理、保管、利用等工作。负责被代理人员办理失业、养老等社会保险服务，并为其代办住房公积金。建立被代理人员党组织，接转党组织关系。制定流动党员定期或不定期的思想汇报制度，按时收缴党费等。

2000年3月16日，我国劳动和社会保障部发布了《招用技术工种从业人员规定》（以下简称《规定》）（2000年7月1日起施行），对90个工种实行就业准入。

2008年1月1日，《劳动合同法》修订版正式颁布实施，要求用人单位与劳动者应订立劳动合同，以维护劳动者合法权益。

2013年5月16日，国务院办公厅印发了《关于做好2013年全国普通高等学校毕业生就业工作的通知》（国办发〔2013〕35号），从落实就业政策、拓宽就业渠道、鼓励自主创业、加强就业服务、开展就业帮扶和就业援助、大力促进就业公平、推动高等教育更好地适应经济社会发展需要和加强组织领导等8个方面工作提出了要求，明确了新的政策措施。

2013年7月1日，《劳务派遣行政许可实施办法》由人力资源社会保障部第10次部务会审议通过实施，根据《中华人民共和国劳动合同法》《中华人民共和国行政许可法》等法律，规范了劳务派遣的实行。

2013年7月11日，新修订《劳动合同法》正式实施，要求被派遣的劳动者应享有与合同工单位的劳动者同工同酬权利。

第三节　国家应对大学毕业生就业所采取的措施

就业是民生之本，党中央、国务院历来高度重视就业问题。2020 年面临全球新冠肺炎疫情和全球经济下滑双重压力，大学生就业形势异常严峻，国家更是下大力气采取多项措施，千方百计促进高校毕业生就业。

一、国务院办公厅就加强普通高等学校毕业生就业工作专门下发通知

2020 年 3 月国务院办公厅颁发《关于应对新冠肺炎疫情影响强化稳就业举措的实施意见》（国办发〔2020〕6 号）。该通知指出：为深入贯彻习近平总书记关于统筹推进新冠肺炎疫情防控和经济社会发展工作的重要指示精神，加快恢复和稳定就业，经国务院同意，现提出如下意见：

（一）更好实施就业优先政策

1．推动企业复工复产

坚持分区分级精准防控，提高复工复产服务便利度，取消不合理审批，坚决纠正限制劳动者返岗的不合理规定。加快重大工程项目、出口重点企业开复工，以制造业、建筑业、物流业、公共服务业和农业生产等为突破口，全力以赴推动重点行业和低风险地区就业，循序渐进带动其他行业和地区就业。协调解决复工复产企业日常防护物资需求，督促其落实工作场所、食堂宿舍等防控措施。（发展改革委、工业和信息化部、交通运输部、卫生健康委按职责分工负责）

2．加大减负稳岗力度

加快实施阶段性、有针对性的减税降费政策。加大失业保险稳岗返还，对不裁员或少裁员的中小微企业，返还标准最高可提至企业及其职工上年度缴纳失业保险费的 100%，湖北省可放宽到所有企业；对暂时生产经营困难且恢复有望、坚持不裁员或少裁员的参

保企业，适当放宽其稳岗返还政策认定标准，重点向受疫情影响企业倾斜，返还标准可按不超过6个月的当地月人均失业保险金和参保职工人数确定，或按不超过3个月的企业及其职工应缴纳社会保险费确定。2020年6月底前，允许工程建设项目暂缓缴存农民工工资保证金，支付记录良好的企业可免缴。切实落实企业吸纳重点群体就业的定额税收减免、担保贷款及贴息、就业补贴等政策。加快实施阶段性减免、缓缴社会保险费政策，减免期间企业吸纳就业困难人员的社会保险补贴期限可顺延。（财政部、人力资源和社会保障部、住房城乡建设部、交通运输部、水利部、人民银行、税务总局按职责分工负责）

3. 提升投资和产业带动就业能力

实施重大产业就业影响评估，明确重要产业规划带动就业目标，优先投资就业带动能力强、有利于农村劳动力就地就近就业和高校毕业生就业的产业。加快制定和完善引导相关产业向中西部地区转移的政策措施。对部分带动就业能力强、环境影响可控的项目，制定环评审批正面清单，加大环评“放管服”改革力度，审慎采取查封扣押、限产停产等措施。（发展改革委、人力资源和社会保障部、生态环境部、商务部按职责分工负责）

4. 优化自主创业环境

深化“证照分离”改革，推进“照后减证”和简化审批，简化住所（经营场所）登记手续，申请人提交场所合法使用证明即可登记。充分发挥创业投资促进“双创”和增加就业的独特作用，对带动就业能力强的创业投资企业予以引导基金扶持、政府项目对接等政策支持。加大创业担保贷款支持力度，扩大政策覆盖范围，优先支持受疫情影响的重点群体，对优质创业项目免除反担保要求。政府投资开发的孵化基地等创业载体应安排一定比例场地，免费向高校毕业生、农民工等重点群体提供。各类城市创优评先项目应将带动就业能力强的“小店经济”、步行街发展状况作为重要条件。（发展改革委、工业和信息化部、财政部、人力资源和社会保障部、商务部、人民银行、市场监管总局、银保监会、全国妇联按

职责分工负责）

5. 支持多渠道灵活就业

合理设定无固定经营场所摊贩管理模式，预留自由市场、摊点群等经营网点。支持劳动者依托平台就业，平台就业人员购置生产经营必需工具的，可申请创业担保贷款及贴息；引导平台企业放宽入驻条件、降低管理服务费，与平台就业人员就劳动报酬、工作时间、劳动保护等建立制度化、常态化沟通协调机制。取消灵活就业人员参加企业职工基本养老保险的省内城乡户籍限制，对就业困难人员、离校2年内未就业高校毕业生灵活就业后缴纳社会保险费的，按规定给予一定的社会保险补贴。（财政部、人力资源和社会保障部、自然资源部、人民银行、市场监管总局按职责分工负责）

（二）引导农民工安全有序转移就业

1. 引导有序外出就业

强化重点企业用工调度保障、农民工“点对点、一站式”返岗复工服务，推广健康信息互认等机制，提升对成规模集中返岗劳动者的输送保障能力。引导劳动者有序求职就业，及时收集发布用工信息，加强输出地和输入地信息对接，鼓励低风险地区农民工尽快返岗复工。对组织集中返岗、劳务输出涉及的交通运输、卫生防疫等给予支持。对人力资源服务机构、劳务经纪人开展跨区域有组织劳务输出的，给予就业创业服务补助。（公安部、财政部、人力资源和社会保障部、交通运输部、卫生健康委按职责分工负责）

2. 支持就地就近就业

抓好春季农业生产，大力发展新型农业经营主体，组织暂时无法外出的农民工投入春耕备耕，从事特色养殖、精深加工、生态旅游等行业。在县城和中心镇建设一批城镇基础设施、公共服务设施，加强农业基础设施建设，实施农村人居环境改善工程，开展以工代赈工程建设，优先吸纳农村贫困劳动力和低收入群体就业。（发展改革委、人力资源和社会保障部、交通运输部、农业农村部、卫生健康委按职责分工负责）

3. 优先支持贫困劳动力就业

企业复工复产、重大项目开工、物流体系建设等优先组织和使用贫困劳动力，鼓励企业更多招用贫困劳动力。支持扶贫龙头企业、扶贫车间尽快复工。利用公益性岗位提供更多就地就近就业机会，优先对贫困劳动力托底安置。加大对“三区三州”等深度贫困地区、52 个未摘帽贫困县、易地扶贫搬迁大型安置区的支持力度。对吸纳贫困劳动力就业规模大的，各地可通过财政专项扶贫资金给予一次性奖励。（发展改革委、财政部、人力资源和社会保障部、农业农村部、扶贫办按职责分工负责）

（三）拓宽高校毕业生就业渠道

1. 扩大企业吸纳规模

对中小微企业招用毕业年度高校毕业生并签订 1 年以上劳动合同的，给予一次性吸纳就业补贴。国有企业今明两年连续扩大高校毕业生招聘规模，不得随意毁约，不得将本单位实习期限作为招聘入职的前提条件。（财政部、人力资源和社会保障部、国资委、烟草局、邮政局等部门和企业按职责分工负责）

2. 扩大基层就业规模

各级事业单位空缺岗位今明两年提高专项招聘高校毕业生的比例。开发城乡社区等基层公共管理和社会服务岗位。扩大“三支一扶”计划等基层服务项目招募规模。出台改革措施，允许部分专业高校毕业生免试取得相关职业资格证书。畅通民营企业专业技术职称评审渠道。（教育部、民政部、财政部、人力资源和社会保障部、农业农村部按职责分工负责）

3. 扩大招生入伍规模

扩大 2020 年硕士研究生招生和普通高校专升本招生规模。扩大大学生应征入伍规模，健全参军入伍激励政策，大力提高应届毕业生征集比例。（发展改革委、教育部、财政部、退役军人部、中央军委政治工作部、中央军委国防动员部按职责分工负责）

4. 扩大就业见习规模

支持企业、政府投资项目、科研项目设立见习岗位。对因疫情影响见习暂时中断的，相应延长见习单位补贴期限。对见习期未满与高校毕业生签订劳动合同的，给予见习单位剩余期限见习补贴。（财政部、人力资源和社会保障部、商务部、国资委、共青团中央按职责分工负责）

5. 适当延迟录用接收

引导用人单位推迟面试体检和签约录取时间。对延迟离校的应届毕业生，相应延长报到接收、档案转递、落户办理时限。离校未就业毕业生可根据本人意愿，将户口、档案在学校保留2年或转入生源地公共就业人才服务机构，以应届毕业生身份参加用人单位考试、录用，落实工作单位后参照应届毕业生办理相关手续。（教育部、人力资源和社会保障部、国资委按职责分工负责）

（四）加强困难人员兜底保障

1. 保障失业人员基本生活

畅通失业保险金申领渠道，放宽失业保险申领期限，2020年4月底前实现线上申领失业保险金。对领取失业保险金期满仍未就业的失业人员、不符合领取失业保险金条件的参保失业人员，发放6个月的失业补助金，标准不高于当地失业保险金的80%。对生活困难的失业人员及家庭，按规定及时纳入最低生活保障、临时救助等社会救助范围。（民政部、财政部、人力资源和社会保障部按职责分工负责）

2. 强化困难人员就业援助

动态调整就业困难人员认定标准，及时将受疫情影响人员纳入就业援助范围，确保零就业家庭动态清零。对通过市场渠道确实难以就业的，利用公益性岗位托底安置。开发一批消杀防疫、保洁环卫等临时性公益岗位，根据工作任务和工作时间，给予一定的岗位补贴和社会保险补贴，补贴期限最长不超过6个月，所需资金可从就业补助资金中列支。（财政部、人力资源和社会保障部、中国残联按职责分工负责）

3. 加大对湖北等疫情严重地区就业支持

建立农资点对点保障运输绿色通道，支持湖北省组织农业生产。对湖北高校及湖北籍2020届高校毕业生给予一次性求职创业补贴，湖北省各级事业单位可面向湖北高校及湖北籍高校毕业生开展专项招聘，高校毕业生基层服务项目向湖北省倾斜。做好湖北省疫情解除后的就业工作，加大资金、政策、项目倾斜，开展专场招聘和专项帮扶。维护就业公平，坚决纠正针对疫情严重地区劳动者的就业歧视。（发展改革委、教育部、工业和信息化部、财政部、人力资源和社会保障部、农业农村部按职责分工负责）

（五）完善职业培训和就业服务

1. 大规模开展职业技能培训

加大失业人员、农民工等职业技能培训力度，实施农民工等重点群体专项培训，适当延长培训时间。对企业组织职工参加线上线下培训，组织新招用农民工、高校毕业生参加岗前培训的，给予职业培训补贴。动态发布新职业，组织制定急需紧缺职业技能标准。（财政部、人力资源和社会保障部按职责分工负责）

2. 优化就业服务

2020年3月底前开放线上失业登记。推进在线办理就业服务和补贴申领。持续开展线上招聘服务，发挥公共就业服务机构、高校就业指导机构、经营性人力资源服务机构作用，加大岗位信息、职业指导、网上面试等服务供给。对大龄和低技能劳动者，通过电话、短信等方式推送岗位信息，提供求职、应聘等专门服务。低风险地区可有序开展小型专项供需对接活动。优化用工指导服务，鼓励困难企业与职工协商采取调整薪酬、轮岗轮休、灵活安排工作时间等方式稳定岗位，依法规范裁员行为。（教育部、财政部、人力资源和社会保障部、全国总工会、全国工商联按职责分工负责）

（六）压实就业工作责任

1. 强化组织领导

各地区各有关部门要在确保疫情防控到位的前提下，毫不放松抓紧抓实抓细稳就业各项工作。县级以上地方政府要加快建立由政府负责人牵头的就业工作领导机制，压实工作责任，细化实化扶持政策。各有关部门要同向发力，围绕稳就业需要，落实完善政策措施，形成工作合力。要健全公共就业服务体系，加强基层公共就业服务能力建设，提升基本公共就业服务水平。（各有关部门和单位、各省级人民政府按职责分工负责）

2. 加强资金保障

加大就业补助资金和稳岗补贴投入力度。支持市县政府根据稳就业工作推进和政策实施需要，统筹用好就业创业、职业培训、风险储备等方面资金。失业保险基金结余大的地区，要加速稳岗返还、保生活政策落地见效。（财政部、人力资源和社会保障部、各省级人民政府按职责分工负责）

3. 强化表扬激励

持续开展就业工作表扬激励，完善激励办法，对落实稳就业政策措施工作力度大、促进重点群体就业创业等任务完成较好的地方，及时予以资金支持等方面的表扬激励。（人力资源和社会保障部、财政部牵头，各有关部门和单位、各省级人民政府按职责分工负责）

4. 加强督促落实

细化分解目标任务，在相关督查工作中将稳就业作为重要内容，重点督促政策服务落地及重点群体就业、资金保障落实等。对不履行促进就业职责，产生严重后果或造成恶劣社会影响的，依法依规严肃问责。完善劳动力调查，研究建立省级调查失业率按月统计发布制度，启动就业岗位调查，做好化解失业风险的政策储备和应对预案。（人力资源和社会保障部、统计局牵头，各有关部门和单位、各省级人民政府按职责分工负责）

二、教育部颁发政策文件促进全国普通高校毕业生就业创业工作

2020 年 11 月，教育部下发《关于做好 2021 届全国普通高校毕业生就业创业工作的通知》（教学〔2020〕5 号），出台 23 条新举措全力促进高校毕业生就业创业。

（一）积极拓展政策性岗位

1. 用足用好稳就业政策

各地教育部门要配合和会同相关部门，推动稳就业政策向高校毕业生重点倾斜，落实好党政机关、事业单位、国有企业等今明两年空缺岗位主要招聘应届高校毕业生等政策，统筹协调好招录工作安排，力争在2021年6月底以前完成全部政策性岗位招录工作。

2. 积极拓宽基层就业渠道

各地各高校要会同有关部门，围绕实施乡村振兴战略、服务乡村建设行动，做好“特岗计划”“三支一扶”“西部计划”等基层项目组织招录工作，落实好学费补偿代偿、升学优惠等政策。各地教育部门要协调相关部门，尽可能扩大地方性基层就业项目规模。鼓励采用市场化社会化办法，给予更多政策支持，引导毕业生围绕城乡基层社区各类服务需求就业创业。

3. 深入推进大学生征兵工作

各地各高校要配合兵役机关落实“两征两退”改革新要求，实施一年两次大学生征集工作，分别安排在2—3月、8—9月，预征工作提前两个月进行，第一批重点动员征集高校毕业生。强化军地协同，按照新的时间节点，制定本地本校大学生征兵工作方案。实施更大力度激励政策，2021年起“退役大学生士兵”专项硕士研究生招生规模由目前5 000人逐步扩大至8 000人，2022年起普通专升本可免试招录退役的普通高等职业院校（专科）毕业生。加强征兵动员，重点宣传新激励政策和新体检标准，提高大学生征集规模特别是毕业生征集比例。

4. 扩大科研助理招录规模

各地各高校要落实科技部、教育部等部门相关文件要求，把开发科研助理岗位作为深化科技管理体制改革的重要举措。增强科研助理岗位吸引力，落实社会保险、户口档案等相关政策，合理确定薪酬标准。各高校要对院系及科研团队招录科研助理给予经费、政策等支持。科研助理岗位及实聘人数作为“双一流”建设监测指标，纳入安排推荐免试攻读研究生名额的重要参考因素。

5. 促进各类升学与就业工作有序衔接

各地各高校要统筹安排好各类升学考试时间，硕士研究生招录工作在2021年5月底前完成，普通专升本和第二学士学位招录工作在2021年6月底前完成。高校招生、教务部门要共同组织实施好第二学士学位政策宣传、招录计划、考试录取等工作。

6. 树立正确用人导向

抓好中共中央、国务院《深化新时代教育评价改革总体方案》落实落地工作，各省级教育部门要协调和配合有关部门，推动党政机关、事业单位、国有企业带头扭转“唯名校”“唯学历”的用人导向，在招聘公告和实际操作中不得将毕业院校、国（境）外学习经历、学习方式（全日制和非全日制）作为限制性条件，建立以品德和能力为导向、以岗位需求为目标的人才使用机制，改变人才“高消费”状况，形成不拘一格降人才的用人氛围。各地各高校要建立用人单位招聘黑名单制度，将经认定存在就业歧视、欺诈等问题的用人单位纳入黑名单，定期向毕业生发布警示提醒信息。

（二）积极拓展市场化岗位

1. 建立就业岗位拓展新机制

成立高校毕业生就业创业指导委员会，广泛汇聚市场化社会化就业创业资源。组织举办重点省份、重点城市、重点行业、中小微企业等就业创业供需对接系列活动。各地各高校要主动联系用人单位和招聘机构，多种方式拓宽岗位信息来源。鼓励举办区域性、行业性、联盟性招聘活动。

2. 拓展新兴领域就业空间

各地各高校要挖掘平台经济、共享经济中的就业机会，引导毕业生发挥智力优势，到战略性新兴产业就业创业。鼓励毕业生到先进制造业、现代农业、现代服务业等领域多元化多渠道就业。配合有关部门完善社会保障和灵活就业支持政策。

3. 持续推进创业带动就业

加大“双创”支持力度，会同有关部门落实大学生创业优惠政策。继续举办中国国际“互联网+”大学生创新创业大赛。组织开展“高校毕业生创业服务专项活动”，发挥创业孵化基地作用，推动各类创新创业大赛获奖项目成长发展、落地见效，带动更多毕业生实现就业。

4. 推进就业实习见习

建立全国高校毕业生就业实习信息平台，汇集发布高校毕业生就业实习岗位信息。各地各高校要将实习作为促就业的重要渠道，加快完善就业实习管理制度，深化校企校地合作，建设大学生就业实习基地，开发更多就业实习岗位，推动更多毕业生通过实习实现就业。配合有关部门实施好“三年百万青年见习计划”，提供不断线就业服务，推动离校未就业毕业生参与就业见习。

（三）进一步提升就业指导服务水平

1. 强化就业育人实效

各地各高校要把毕业生就业作为立德树人的重要环节，作为“三全育人”的重要内容，不断健全“就业思政”工作体系。开展以“成才观、职业观、就业观”为核心的就业主题教育活动，通过政策形势讲座、榜样示范引领等形式，引导毕业生把个人理想追求融入现代化国家建设新征程，主动投身国家重大工程、重大项目、重要领域就业。

2. 加强职业发展教育和就业指导

加强大学生职业发展教育，组织开展“全国大学生职业发展教育活动月”等活动。举办“互联网＋就业指导”公益直播课，建立“全国大学生就业创业指导专家库”，打造大学生就业创业指导“名师金课”。各地各高校要针对不同年级开展学生职业发展和就业指导活动，提供职业发展咨询和就业心理咨询服务，引导学生树立健康、积极、理性的就业心态。

3. 建设高质量就业服务平台

加强就业服务信息化水平，优化完善“24365 校园网络招聘服务”，建设“24365 高校毕业生智慧就业平台”，构建部、省、校联通共享的高质量就业服务体系，组织高校就业工作人员、毕业班辅导员和毕业生注册使用。各地各高校要共同参与实施“24365 岗位精选计划”，精确采集岗位要求和求职意向，向高校毕业生精准推送岗位信息。优化完善本地本校网上就业服务，提升人岗匹配精准度和实效性。

4. 加强重点群体就业帮扶援助

实施低收入家庭毕业生、少数民族、残疾等重点群体毕业生就业创业能力提升行动，开展重点群体毕业生就业创业能力培训。各地各高校要建立低收入家庭毕业生就业帮扶工作台账，按照“一人一档”“一人一策”要求重点帮扶，帮助有就业意愿的贫困生尽快就业。继续实施全国高校与湖北高校毕业生就业创业“一帮一”行动，拓展合作内涵，推进“一帮一”行动纵深发展。

（四）完善就业统计评价

1. 健全毕业生就业统计机制

推广使用“全国高校毕业生网上签约与毕业去向登记平台”，实现部、省、校三级就业数据实时同步共享。有条件的地方和高校可探索推行毕业生本人直接填报、学校逐级审核、省级核查的就业统计方式。完善签约进展情况周报和就业情况月报机制。继续开展毕业生就业状况布点监测工作。委托国家统计局开展毕业生就业状况抽样调查。从2020年起，在各类督查、考核等工作中，由各省级教育行政部门统一提供本地区高校初次就业率数据。

2. 健全就业统计核查机制

严格执行就业工作“四不准”规定，不准以任何方式强迫毕业生签订就业协议和劳动合同，不准将毕业证书、学位证书发放与毕业生签约挂钩，不准以户档托管为由劝说毕业生签订虚假就业协议，不准将毕业生顶岗实习、见习证明材料作为就业证明材料，确保就业统计数据真实准确。建立就业数据倒查机制，委托第三方机构开展就业数据抽查。建立部、省两级就业统计举报机制，统一公布举报电话和邮箱，凡实名举报者，须在5个工作日内进行调查并回复当事人。

3. 推进就业工作综合评价

各地各高校要改革就业评价机制，建立分层分类就业评价指标体系。将推送毕业生到西部、基层、艰苦边远地区和重点领域就业情况作为高校就业工作评价考核的重要内容。健全高校毕业生就业质量报告制度，更好发挥高校毕业生就业状况对高校招生、学科专业设置、人才培养的反馈作用。持续推进高校毕业生就业状况大规模跟踪调查。

（五）加强领导和组织保障

1．落实就业工作“一把手工程”

各地各高校要将就业工作列入各级领导班子重要议事日程。各高校要成立就业工作领导小组，主要负责同志任组长，分管负责同志任副组长，相关部门和教职员工共同参与，形成全员抓就业、促就业的工作格局。推动建立教育部门、高校与人力资源社会保障部门共同做好毕业生就业服务的机制，促进公共就业政策和服务资源更多惠及高校毕业生。

2．强化就业工作督促检查

建立重点督查机制，教育部把毕业生就业工作纳入党中央重大教育决策部署督察、省级人民政府履行教育职责评价、学科专业评估、高校领导班子年度考核等重要内容。适时对各地各高校毕业生就业进展情况进行督促检查。各地各高校要建立健全就业工作督查、通报、约谈、问责机制。

3．加强就业工作队伍建设

各地各高校要进一步加强高校毕业生就业工作保障，严格落实就业机构、人员、场地、经费“四到位”要求，按照有关规定配齐配强校级专职就业工作人员。定期开展业务技能培训，提升专业化素质。鼓励高校院系专设就业辅导员，建立健全全员参与就业工作长效机制。各地要将高校落实“四到位”要求及就业工作队伍建设情况纳入就业进展情况督查重要内容。

4．选树推广就业创业工作典型

发挥就业创业工作典型的示范引领作用，注重发掘毕业生就业创业工作中涌现出的优秀典型，开展全国普通高校毕业生就业创业典型案例征集活动，并以多种形式总结推广先进经验。鼓励各地各高校结合本地本校实际，培育选树促就业创业典型经验，组织遴选一批优秀案例和优秀成果。

5. 积极开展疫情防控常态化下就业服务工作

各地各高校要根据本地新冠肺炎疫情防控形势，制订就业工作应对疫情预案，做到科学有效防控、安全有序招聘。各高校要根据当地疫情防控要求，创造条件支持毕业生参加实习、面试和用人单位进校开展宣讲、招聘活动。

6. 做好就业总结宣传工作

完善就业宣传引导机制，开展“普通高校毕业生就业创业政策宣传月”“全国大学生就业创业榜样短视频展播”等系列活动，大力宣传国家和各地支持高校毕业生就业创业的政策措施，营造全社会支持就业的良好舆论氛围。各地各高校要用好各类媒体渠道，宣传推广促就业的好做法好经验。

三、多部委联合出台举措促进大学生就业

教育部数据显示，2020 届高校毕业生 874 万人，同比增加 40 万人，毕业生人数再创历史新高。

2020 年 4 月 14 日，国务院常务会议部署，采取有力有效举措促进高校毕业生就业。会议要求，加大力度支持稳企业、拓岗位，吸纳毕业生就业。要开发科研助理岗位，充实基层教师和医护人员队伍。加强就业服务。研究助学贷款延期还款、用好失业保险基金等政策。

4 月 21 日，教育部、人社部发文，在 4 月 23 日至 29 日、6 月 20 日至 26 日、9 月 19 日至 25 日、11 月 23 日至 29 日分别举办 2020 年全国高校毕业生就业网络联盟春季、夏季、秋季、冬季联合招聘周。

5 月 6 日，由教育部、人社部、工业和信息化部、国资委、中央广播电视总台、共青团中央等 6 部门共同主办的 2020 届普通高校毕业生就业“百日冲刺”行动正式启动。

5 月 8 日，国家发改委、国资委、教育部、人社部在北京联合

启动“校企行”专项行动，为大学毕业生释放一批新的就业岗位，以创业带动就业。

四、各地相继出台举措为毕业生就业创业“保驾护航”

（一）“真金白银”发就业补贴

广东明确，广东高校学生毕业2年内到中小微企业、个体工商户、社会组织等就业，或到乡镇（街道）、村居社会管理和公共服务岗位就业（含参加政府部门组织的服务基层项目，机关事业单位编内人员除外），签订1年以上劳动合同并参加社会保险6个月以上的，按每人3 000元给予补贴；在粤东、粤西、粤北地区就业的，按每人5 000元给予补贴。

安徽规定，当地高校毕业生与小微企业签订6个月以上劳动合同，并依法缴纳社会保险费的，将从就业补助资金给予毕业生每人3 000元的一次性就业补贴。

此外，广东、安徽、天津还对湖北籍应届毕业生一次性分别给予2 000元、1 500元、3 000元求职创业补贴。

（二）国企、事业单位定向招聘毕业生

除了给毕业生发放就业补贴，北京、上海、浙江、陕西等地国企、事业单位招聘向毕业生倾斜。

北京指出，2020—2021年，北京市事业单位空缺岗位主要用于专项招聘高校毕业生（含择业期内未落实工作单位的高校毕业生）。疫情防控相关卫生机构等事业单位需紧急补充医护人员和疫情防控工作人员，且招聘高校毕业生的，可简化程序，采用绿色通道招聘聘用，相关手续可待疫情结束后补办。

上海要求，上海市属和区属国有企业在今年招聘计划中，安排不低于50%的就业岗位面向高校毕业生定向招聘。

浙江规定，2020—2021年，浙江明确国有企业将拿出不少于50%新增岗位用于招录高校毕业生。同时，今年将新开发1万个基层岗位用于招录高校毕业生。

陕西明确，2020—2021 年，事业单位空缺岗位 70% 专项招聘高校毕业生。事业单位公开招聘要根据岗位需求合理设置招聘条件，对不同教育形式的研究生提供平等就业机会，不得设置与岗位要求无关的报考资格条件。

（三）投资金、供场地扶持创业

各地除发就业补贴、专项招聘外，还从场地、资金等方面鼓励毕业生创新创业，以创业带动就业。

湖北明确，政府投资开发的孵化基地等创业载体安排一定比例场地，免费向湖北高校毕业生提供。对符合条件的大学生创业项目给予资金扶持。

河南规定，河南高校毕业生自主创业的，可按个人不超过 20 万元、小微企业不超过 300 万元申请创业担保贷款。高校毕业生创业项目符合条件的，可申请 2 万元至 15 万元的扶持资金。

重庆鼓励大学生创新创业。实施“优创优帮”在校大学生创业扶持计划，每年在重庆高校毕业生中择优遴选 30 个项目，给予一定立项资金，并安排导师跟踪帮扶 1 年。实施“渝创渝新”大学生创业启航计划，每年择优遴选 100 个左右项目，根据项目质量给予一定资金补助。

思考与讨论：

1. 大学毕业生到中西部就业可享受哪些优惠政策？
2. 对违约的毕业生，国家有哪些处理措施与办法？
3. 毕业生分配制度经历了哪几个阶段？

第四章　求职心理准备

学习目标：

1. 认识就业过程中常见的心理误区。
2. 了解和把握就业心理的调节方法。

拿破仑曾经说过："一个人能否成功，关键在于他的心态，成功人士与失败者的差别在于成功人士有积极的心态。"良好的心理素质不仅可以使高校毕业生在求职期间保持良好的心态，适时调整自身的行为，促进其顺利就业，而且可以使其在求职后能顺利地适应职场环境，尽快发挥自己的才能，以求职业能力得到更快的发展。因此，良好的求职心理，是打开就业成功之门的关键。

第一节　求职应具备的心理素质

在中国市场经济已经初步确立的今天，若还在追求毫无风险的工作岗位，虽不算是一种空想，但起码也是不现实的。按市场经济规则走向社会的高校毕业生，必须彻底破除一定要端"铁饭碗"的保守意识，树立正确的择业观。

一、敢于竞争，善于竞争

当今时代，竞争机制已经渗入社会的各个领域以及我们人生的每一个阶段。在大学学习阶段，竞争已显得尤为激烈，评"三好学生"、优秀毕业生、评奖学金、推荐研究生等，无一不和竞争联系在一起。而在求职阶段，迎接新的挑战，强化竞争意识已成为高校毕业生应具备的最基本的心理素质。这就要求：一是要在正确自我评价的基础上，充分相信自己的实力，敢于通过竞争去达到理想的目标；二是必须在心理上准备同"铁饭碗、大锅饭"的保守意识告别。必须从社会进步和深化改革的角度来加深对竞争机制的认识，强化自身的竞争意识，自觉地正视社会现实，转变观念，做好参加竞争的心理准备。

要想在求职与择业中取得成功，仅仅敢于竞争还不够，还必须善于竞争。善于竞争体现在具备良好的心理素质、较强的实力和良好的竞技状态。在求职面试时情绪一定要轻松自如，要有信心和表现欲，善于推销自己，要知道在这个时候的沉默、畏缩、腼腆、窘促，都可能使你失去就业的机会。因此毕业生在表露自己时，既不要过分吹嘘自己，也不要低估自己，应基于自身的客观情况，积极、客观地表露自己，力争恰到好处。

二、消除自卑心理，正确对待挫折

生活中的挫折是造就强者的必由之路，挫折是一种鞭策，挫折是锻炼意志、增强能力的好机会。遇到挫折应放下心理包袱，仔细查找失利的原因，调整好心态，脚踏实地重新上路，争取新的机会。在竞争激烈的求职场上，部分大学生或因所学专业不景气，或因自己的专业知识、专业技能及综合素质不如其他同学，或因求职屡次受挫，往往产生强烈的自卑感，并进而转化为自卑心理。

有自卑心理的毕业生往往没有信心和勇气面对求才若渴的用人单位，不能充分地向用人单位展示自身所长，甚至把自身的长处变成了短处，从而严重地影响到就业与择业。目前，用人单位与毕业生之间双向选择的本质意义是一种激励手段，它对失败者并不是淘汰和鄙视，相反，是为促使失败者振作起来，彻底摆脱“等、靠、要”的就业心态，使自己加快自立自强的转化过程，成为新时代的开拓者。

三、坚持继续学习，寻求更大发展

将来的社会必将是一个学习型社会，知识更新速度越来越快，而知识与技能的获得将主要依赖于工作实践，因此，一部分学生毕业时基于日后能有一个更高的起点发展自己、提升自己的人生质量的考虑，往往首选体制完备、发展成熟，能够提供系统化、职业化、规范化的学习机会的用人单位。这种继续学习意识的强化，尤其是重视在工作中学习的心理，无疑是与现代社会的要求合拍的。特别是随着科技的进步和社会的发展，过去看来是普通“蓝领”的工作岗位，现在也已经开始由具有大专层次知识水平和较高技能的人员来从事，因此知识和技能的学习提高，有利于在就业中创造更多机会，也有利于就业后的稳定和发展。

四、树立自主创业意识，拓宽就业门路

随着教育体制改革的深入、素质教育的推进，受社会鼓励毕业生艰苦创业思想的影响，有一部分创业意识较强的大学生毕业时利用自身掌握的专业知识和技能优势，或通过网络提供的便捷条件，或通过社会融资，或通过与投资商合作，自立门户，创办公司，开始艰苦创业。发挥毕业生的创业能力，不仅可以为毕业生自身就业创造机会，同时也可以为社会创造更多的就业机会。大学生毕业后进行自主创业，将成为实现充分就业的重要途径。选择自主创业的毕业生，往往怀着一种替别人打工不如自己当老板的心态。

这种自主创业的意识，非常适合当今社会的发展需求。受过高等教育的大学生毕业后能进行自主创业，有利于毕业生自身成长成才，并在更广阔的舞台上实现人生的价值。

毕业生的职业选择只是职业发展计划中的第一步，走好第一步固然重要，但未来的路还很长，要时刻调整好自己，做好各种心理准备，接受更多选择，勇敢面对挑战。正如管理大师彼得·德鲁克所说：对你而言，你所做的工作选择是正确的概率大约是百万分之一。如果你认为你的第一个选择是正确的话，那么就表明你是十分懒惰的。因此，一个人必须通过大量地、不断地搜寻和转变，才可能发现一条从心理上和经济上都令其满意的职业发展道路。

五、常见的心理误区

（一）速富心理

速富心理容易使一些毕业生慧眼暂失，迷失在物质诱惑和金钱

深渊中。现在各种虚假的招聘信息和非法的招聘单位充斥人才市场。近年来特别是针对毕业生的传销活动从未停止过，屡禁不绝。大学生在求职过程中落入传销陷阱的新闻不绝于耳。仅发生在重庆市的“欧丽曼”非法传销组织就涉及北大、清华、西安交大等10多所高校的2 000余名毕业生，其中有400多名毕业生来自湖北高校。2004年3月25日，教育部、公安部联合发布了《关于加强高校学生管理、禁止学生参与非法传销活动的紧急通知》，显示了国家对非法传销活动泛滥给大学生带来冲击的不安与关注。许多毕业生一旦不慎落入传销组织，不但身体受到伤害，财产受到损失，正式就业受到影响，心理上也留下了终身难以抹去的阴影。

（二）迎合心理

随着就业竞争的加剧，毕业生就业形势难度逐年增加。性别歧视是一个世界性问题，在其他国家里，歧视女性也是一大社会问题。

毕业生能就业、就好业，不但是他们自身的希望，更是中国社会可持续发展的重要保证，但是毕业生特别是女性毕业生就业难却是不争的现实。它是中国古代重男轻女、男尊女卑的“现代版”，它与广大女性就业难紧密相连，对女性的歧视早已被历史事实证明是社会的倒退。在这一大背景下，有知识、有文化的女毕业生的就业也面临着一定的困难。女性淡出社会工作领域，割断了她们与社会的联系，其受教育权、生存权、发展权再次面临挑战，女性的价值被剥离，最终将导致女性整体素质的全面下降。

面对严峻的就业环境，一些女毕业生便去整容，拍摄恐怕连自己也不认识的艺术照、“写真集”，以图吸引用人单位的目光；而有的女大学生干脆逃避就业竞争，企图“一步到位”，嫁个有钱人，去做全职太太，镇守“后院”，远离工作的烦闷。这种情况近来居然还呈上升之势。

1．“写真集”与病态思维

在用人单位的歧视中，在一次又一次的碰壁之后，有人开始走“曲线求职”之路，毕竟他们不想“饿以待毙”。一些毕业生竟将找到好工作的期望寄托在整容手术上，因为他们感到在激烈的就业竞争中，用人单位对人的第一印象是相当要紧的。于是，一些人对身材也进行“彻底改造”，抽脂、隆鼻、束腰、瘦脸，从头到脚，无不做到尽善尽美……将第一印象之美寄托在整容手术中，以期借助现代高科技锻造一副“魔鬼身材”，以“貌”惊人，博得青睐。还有一些毕业生认为自己的特长没有很好地发挥，幻想着只要把自己青春靓丽的形象展示给用人单位，就能稳操胜券。在一些大城市的照相馆，经常有年轻人排起长队等待拍摄。一些大型照相馆甚至专业写真工作室大摇大摆地走进大学校园内搭台设点，或展示人体“写真集”，或散发传单，甚至公开打出了“大学生近期拍写真打折优惠”的广告牌，极大地吸引了毕业生。毕业生各种各样的“写真集”纷纷出笼。

一些毕业生除了向用人单位展示自己靓丽帅气的“写真集”外，还自称“白酒能喝1斤，30岁以前不考虑恋爱结婚”，以博得用人单位的好感。人不是因美丽而可爱，而是因可爱而美丽；不是因漂亮而帅气，而是因自信而帅气，这份自信源于自己的才干、智慧和成功。靠“写真集”来赢得用人单位的青睐是极不明智的举动，是对那些低级趣味的庸俗风气的一味迎合，其结果是“搬起石头砸自己的脚”。一个真正以人为本、重视人才的单位是不可能招聘这种人的，因为毕竟青春有时，只有才华无价。如果能凭真本事进入这样的单位是你一生最大的幸运。而那些对“写真集”感兴趣的用人单位，或许只是将应聘者当作一个花瓶、一种摆设。

2. 嫁富心态与爱情变味

女性就业歧视的现象让女毕业生中不少人开始默认是由男人制定游戏规则，她们认为这是一个更适合男性发展的社会。面对愈来愈激烈的社会竞争，她们更多地看到了女性在社会政治和经济地位方面的劣势，感到自己没有能力去独立面对生活、面对社会，因此，希望能够找到一个可以避风遮雨的港湾，而这个港湾不是一个真正意义上的家，其中的感情色彩已被功利冲淡。

于是，“夫荣妻贵”的傍富心理便转化为一种迫不及待的实际行动。

“边找工作边找老公”的毕业生人群更加壮大，占征婚者一半以上。与此同时，传统“相亲”也在高校中逐渐走俏，高校外的成功男士愈加受到青睐，女毕业生中开始出现一小批“急嫁族”，不少人因此走上“二奶”之路。

依赖、依附心理是当代女大学生注重家庭取向、轻视自我社会价值取向的反映。依赖的惰性最终使自己的自立精神荡然无存，在一定程度上削弱了她们积极进取的决心，淡化了她们对人生理想的追求，不利于当代女毕业生的健康成长，有悖于我国高等教育培养目标的实现。

（三）校漂心理

高校“校漂族”主要以避开就业高峰、增加就业砝码的“考研派”和求职不满意或遇到困难、回校再谋出路的“不就业派”为主，此外还有少量坐吃家庭财富的“潇洒派”和拿不到毕业证、学位证又不愿意离校的“围城边缘派”。该群体最早出现在20世纪80年代末的大学毕业生“国家分配与双向选择”并行之时，此后便连年存在。从1997年起开始迅猛增加，到2003年达到了第一个高峰。

而真正意义上的“校漂族”是在2002年出现的。2002年初，我国首批扩招的大学生进入社会，与下岗职工再就业和民工潮汇聚成就业“洪峰”，就业压力空前增大。2002年3月，教育部、公安部、人事部、劳动保障部共同制定了《关于进一步深化普通高等学校毕业生就业制度改革有关问题意见的通知》，其中规定：未落实工作单位的高校毕业生，学校可根据本人意愿，其户口两年内可继续保留在原就读的高校，待落实工作单位后，将户口迁至工作单位所在地。

2019年，广东省教育厅 广东省公安厅 广东省人力资源和社会保障厅联合下发了《广东省教育厅 广东省公安厅 广东省人力资源和社会保障厅关于实行广东省普通高等学校毕业生就业择业期政策（试行）的通知》，规定硕士研究生、本科生和专科生的择业期为毕业两年内，博士研究生的择业期为毕业五年内，择业期内的毕业生在广东省就业、升学方面享有与应届毕业生同等的待遇，执行应届毕业生就业、升学、劳动及人事相关法律法规政策。这些规定的出台，使得高校有了不少把户口留在学校的" 校漂族"。从目前就业趋势和大学生的就业心态来看，未来几年内校漂族的人数会逐年增加。

1. 滋长自卑心理

在“缓期两年”、目标极不明确的时光中，“校漂族”处于飘忽不定、犹豫不决的状态中，灵敏度下降，捕捉机会的能力退化，容易使自己丧失各种机会。当机会一而再，再而三地浪费的时候，自信心的底线便被突破了，从而变得自卑起来。因为机会的丧失首先是没有超强的实力。毕竟大学生们都意识到这样一个基本命题：外因是事物变化的条件，内因才是事物变化的根据，外因通过内因而起作用。如果说失败一两次自己还可以拿客观因素做挡箭牌，进行自我安慰，在反复的落选后就不得不从自身寻找原因了。

2. 依赖心理加重

大学生应当认识到：社会竞争激烈是任何人都不能回避的，而自己也必须到大风大浪中搏击，求生存、求发展。任何大学生想逃避竞争，无疑是一种自我否定，最终将成为“套中人”。而“校漂族”中有相当一部分人依然紧靠母校这棵大树，虽然能寻求片刻的宁静和安慰，但这只不过是权宜之计，而非根本之策，是舍本求末。

“校漂族”想借相关政策缓冲一两年时间，其结果造成“等、靠、要”的依赖心理越来越强。一些人指望亲戚朋友打通关系为自己谋得一份好职位，这种期待多半难以成为现实，因为，“关系生”早就有了去处，完全不用等到这个时候，而没有过硬关系就算再等下去期望总会变成失望；一些人以为“近水楼台先得月”，就近参加学校举办的招聘会，可以抢占先机；而用人单位常常对往届不就业的毕业生存在这样那样的看法，心中总有一种不信任的感觉。因而，“校漂族”很难进入首选之列，也就是说，“漂”得越久，用人单位对其成见越深，“校漂族”就业选择的机会越小。

3．增加了家庭经济和心理负担

高校虽然成了“校漂族”的“学士后流动站”，可是，“校漂族”的日常开支主要是靠家庭提供的。经济条件不太好的家庭在子女上大学期间已不堪重负，父母希望子女大学毕业后能对家里有所回报，至少不再“刮老”。就算是家境富裕、有足够能力继续供养的家庭也希望子女能早日自食其力，毕竟父母的钱来之不易，而且这样下去，父母也感到脸上无光。

（四）傍老心理

何谓大学毕业生傍老族？是指受过高等教育、已经习得较丰富的知识、有一技之长并获得被社会公认的学历文凭，但在就业过程中因主观或客观原因没有获得满意的工作岗位，或者害怕进入激烈的就业市场转而退出就业或处于游动就业状态，部分或全部依赖父母、寄生于家庭中的特殊群体。从毕业生自身的角度看，这种逃避竞争、自毁尊严的行为给自己带来了无穷无尽的危害，自身的继续社会化进程无疑被阻断了。

1．对先进观念的自戮

行为的先导是观念。当观念一蹶不振的时候，当思想深处潜伏着畏首畏尾的因素时，自身的行为不可能是积极向上的。傍老行为是长期形成的优越感在遇到挫折时的消极心态，是优越感中隐蔽着的自卑心态的总爆发，它迅速转化为对社会竞争的反叛和逃避。这种心理如果不进行适时的调整，将祸害无穷。

2．降低了自己适应社会的能力

傍老是因为有老可傍，而本该由自己通过艰苦努力去争取的东西则丧失了。通过高等教育，人的能力和综合素质将会产生质的飞跃。而傍老者既然已经习惯了这种不劳而获的生活方式，就如同“温水煮青蛙”，在真正的比拼中，既无心也无力了。他们在校时，相当部分的精力都用在生活消费和各种攀比上，自然不可能将学习放在首位，虽然在现有的考试制度中能够轻松毕业，然而这一纸文凭的含金量注定不会太高。

3. 欠缺社会实践能力

傍老族常常以俯视的眼光来看待他人，不屑于参与社会活动，对社会的了解十分肤浅，实践能力差。他们特立独行，就算进行交往也多半是同样高高在上的“贵族学生”，他们无法从更加广泛的人际交往中习得为人处世的基本原则，延缓了自身的社会化步伐。他们也不会重视自身的思想道德修养，以他们的经济条件，通过某些非正常的手段常常轻易得到一些别人难以获得的荣誉，在这种不公平竞争中，他们切身体会到了金钱的威力，尝到了金钱能够收买神圣的荣誉。而真正道德高尚的学生却成了他们的牺牲品。在对荣誉的追捧或鄙视的同时，他们的思想道德已经被金钱锈蚀了。以上方面是任何用人单位招聘毕业生都必须考察、了解的。在用人单位主导人才市场的今天，存在如此问题的毕业生是不可能进入他们的“法眼”的，特别是财大气粗的单位，更不可能招聘这类毕业生。

第二节 求职中心理问题的调适方法

一、客观评价自己

（一）毕业生要正确评价自己

成熟的人才市场对人才能力和水平的评价应该是匿名制，即“英雄不问出处”，也只有这样，才能挖掘真正的人才。人才不可能都出自名校，一般院校也同样有十分优秀的人才，因此，不论你“出身”如何，最终还得以实力说话。毕业生要正确认识自己，合理定位，找准突破口。名校的一些大学生切勿以为无所不能，妄自尊大，好高骛远，这个职业看不上，那个单位没意思，横挑竖拣，结果就像猴子摘苞谷，一路摘，一路丢，到头来两手空空。由于我国就业人数逐年增多，供大于求的情况将长期存在，在就业市场上，用人单位握有绝对的主动权，而毕业生在很大程度上处于被动状态。在劳动力这一“蓄水池”水溢的情况下，相信任何单位都不会看好那些傲气十足的人，更何况此类人多半是眼高手低的

“绣花枕头”，中看不中用。

一般院校的毕业生在面对挫折时也不要产生自卑感，更不要觉得自己低人一等。市场不可能同情弱者，要适应竞争激烈的就业环境，就要及早为就业做好充分的准备。机会毕竟是留给有准备的人。如果妄自菲薄，听天由命，最终就会出现“丑媳妇怕见公婆”的恐惧心理，就算机遇降临，也难以把握。另外，也要看到用人单位之所以对一般院校的学生重视不够，还因为他们的“降龙伏虎”的本领尚待提高，或者说，他们还未成为“真金”。一旦成为“真金”，就算放在瓦砾堆中也很容易被人发现并加以重用。

（二）校牌并不能完全代表水平

名牌高校的毕业生不要也不可能躺在已经成为历史的招牌上。既然是名牌高校毕业生，既然人们对你们有更高的期望，自己更应该付出百倍、千倍的努力。唯有如此，才能不辱没自己引以为荣的母校。在遇到各种磨难时，更要勇敢面对。名牌大学的毕业生如果骨子眼里存在“我多少年前是状元”“我是名牌我怕谁”的思想，就会因为这些“过去的辉煌”而变得步履沉重，也会因为自负而变得目空一切，对人生道路上的困难或危险估计不到，在人生和社会的竞技场被淘汰出局。相反，那些一般院校的毕业生只要付出更多的劳动，功夫到家，同样能够战胜名牌大学的毕业生。但是，如果得过且过，必定输得更惨。机会就是一个球，输赢全靠真正的实力，而不是靠名气。套用中央电视台的名牌栏目——“幸运 52”的招牌广告：“谁都会有机会!”

（三）毕业生要摒弃“先就业，再择业”的想法

为了缓解就业压力，当前，许多高校的就业指导人员给毕业生传授了一个“绝招”——“先就业，再择业”，俗称“骑驴找马”或“骑马找马”。而这种求职思路在毕业生中有一定普遍性。

“先就业，再择业”的求职方法也使一些已经取得岗位的毕业生产生了相互之间的攀比心理。于是他们在工作时不努力，而把大量的时间和精力用在求职“赶场子”上，甚至于不惜血本请客送

礼，以此来达到攀高枝的目的。有的毕业生总觉得在现在的单位埋没了自己的才华，自己的发展空间有限，工作时不是三心二意，就是心猿意马。正是这种想法作祟，导致他们“身在曹营心在汉”，吃着碗里的想着锅里的，不安心本职工作，弄得“驼子跌跟头——两头不着地”。

（四）“英雄不问出处”必将成为用人单位招聘人才的趋势

俗话说：“尺有所短，寸有所长。”名牌高校毕业生与一般院校毕业生各有自己的长处和不足，用人单位应该根据自己的情况来进行选择，不宜厚此薄彼。就业歧视挡住了一般院校的很多优秀毕业生。他们失去了很多机会，这对他们的自信心是一种伤害，也造成了社会人力资源的巨大浪费。

实事求是地说，名牌高校毕业生总的质量要高于一般院校毕业生。然而，人才培养与工厂生产产品是有很大差别的。同一产品具有模式化，是从流水线上出来的，因而，个性化色彩不明显。但是，培养人才远非模式化这样简单，毕竟人是有思想的，主观能动性强，可塑性大。生活在名校的学子并非个个出类拔萃，而一般院校的学子也有不少品学兼优的，绝非一考定乾坤、一纸录取通知书所能完全区别的。

同时，判断一个人是不是人才不能仅仅依靠职位、薪酬和学历这几个标准，一个人是不是人才，最重要的是要把他放在什么位置上来认识和使用。现在所有的企业都在说“企业的竞争是人才的竞争”，可见，企业通过引进人才，唯一目的就是追求公司业绩最大化、利润最大化。所以，企业的人才问题，本质上就是一个利润问题，能给自己创造一定利润的人就是人才，不管他们学历如何低，就读学校如何名不见经传；反之，不能为企业带来一定利润，就算来自名校，学历很高，都不能视为人才，至少在这里还不是。那些为了摆谱或者借此来炒作自己的企业，盲目追求人才高消费，到时候可能人财两空。

二、树立良好心态

（一）培养积极健康向上的精神

歌德的长篇诗歌《浮士德》是一部文艺复兴时期的重要著作，它的主题是以如火的热情讴歌新生的人生态度。浮士德精神就是积极向上、创造发展的精神。这一精神突出体现在浮士德与恶魔墨菲斯托订下的契约上。墨菲斯托与浮士德订下契约，他要作为浮士德的仆人，使浮士德解除烦恼，直到建功立业，而条件是浮士德永不满足，积极进取。如果浮士德表示了满足，在一瞬间，奴役便解除，浮士德便反而为恶魔所控制了。在恶魔的帮助下，浮士德从中世纪的书斋中冲出，开始了他那漫长而充满生机的战斗历程。

当人处于一帆风顺时，应该避免盲目乐观；当处于困难时期，则应该看到有利的一面。这实际上是任何人、任何时候都必须保持的积极态度——达观。毕业生就业更应该如此。我国各地、各高校的教育水平是有较大差别的。但是，有一点是共同的，即不论是“985 工程”的研究型名校，还是“211”工程大学，还是其他高校，都应该着力培养学生的百折不挠、积极向上的达观精神。毕业生这个群体应该是时代精神的引领者，应该是勇于面对困难、战胜困难的典范。这是受过大学教育的重要标尺之一。如果缺乏这种基本的精神，某些毕业生就可能在哪怕是微不足道的困难面前成为“气短的英雄”，悲观失望，一蹶不振。当一开始遇到困难时，设法战胜它，既树立了一种直面困难的信心，也为今后战胜其他困难积累了经验。即使是失败，也无疑留存了相应的教训。战胜一切困难是一种积极的人生态度，是成功的基点。不论怎样，人生旅途其实就是在不断地征服一个又一个的困难而逐步登高的。毕业生们初步社会化可能面临的困难较多，在就业中被困难撞了无数次的“腰”，正是在这些困难的撞击中，方显自己的腰杆硬度，方显英雄本色。简而言之，只要你自己不将自己打倒，别人就休想打倒你。但是，你只要露出倒地的迹象，别人不打，估计你也离倒地为时不远了。打倒自己的正是自己的“降龙十八掌”。

（二）培养同情心

有了相互的同情心，人与人之间才不会有心与心的阻隔、情与情的冷漠。同情心将心理距离变成“零距离”，将分散的个体凝聚成一个具有强大影响力的集体。它让其中的每个人都能够从其他人的身上获得巨大的能量。当自身遇到困难时，这是克服困难的能量。相互的感情在同情中升华，共同的人生责任在同情中铸就。相反，冷漠则将原有的感情破坏殆尽，同学之谊、朋友之情都在冷漠中变得多余，甚至怒目相视，横生芥蒂。

在当今社会中，人情冷漠、“事不关己，高高挂起”的现象越来越多。他人最需要帮助时，常常有众多的旁观者坐视不管。社会学者朱力先生认为：紧急情况下众人的冷漠行为就是“集体性坐视不救”，亦称“旁观者的冷漠”。是与利他性行为相对立的行为，反映了人际关系和社会关系中的消极性方面。

冷漠者是自私自利者，不会关心他人的冷暖，更不可能成为社会的脊梁。作为高校，我们要培养社会主义事业的接班人，应该着力培养大学生的同情心。特别是通过对贫困学生的关怀、鼓励，也许物质形式还是其次的，重要的是要从上到下，从老师到同学，从内心深处来关怀、鼓励。在助人的过程中，师生的心灵变得高尚起来，受助者也能在这种愉快的气氛中变得坚强不屈，为将来帮助其他人打下良好的心理基础，从更加广泛的意义上说，形成良好的班集体和宿舍集体。由于他们具有强烈的同情心，当他们走上社会时，必然将这种发自内心的同情转化为一种强烈的、持久的社会责任感。社会因他们而精彩，祖国因他们而自豪。

（三）培养自立自强的习惯

习惯是经过反复练习逐步养成的、不需要意志努力和监督的自动化行为倾向和行为模式，是一种后天获得的相对稳定的语言、思维和行为的动力定型。习惯对一个人的成长和发展起着很重要的基础性的、长远的作用。行为科学的研究表明，一个人一天中的行为大约只有5%是属于非习惯性的，其余95%的行为都是习惯性的。

毕业生本身应该加强锻炼，未来的路还是要靠自己走出来。养成自立自强的习惯便是一个真正的“强人”，永远立于不败之地；否则，哪怕是智力超群，也是个无所作为的弱者、庸人。所以，各方都要给大学生一个自由的空间。他们可能犯错误，但是，如果连犯错误的机会都不给，将来犯下大错时他们连原因都找不到，还会继续犯更大的错误。正如在游泳时担心他们呛水，总是在他们身上套一个救生圈，这样也许从来不呛水，但是，可以肯定，他们永远也学不会游泳。一旦他们养成了佩戴救生圈的陋习，错过了最佳时期的学习机会，他们永远都只是一个旱鸭子，望水兴叹！

三、转变求职择业观念，到基层、农村去发展

如果把沿海地区、大城市、高收入单位当作就业的“第一战场”的话，那么，边远地区、基层单位、小企业和农村便是就业的“第二战场”。因此，开辟大学生就业的第二战场显得特别紧迫。我国政府一直十分重视高校毕业生的就业工作，也一直鼓励毕业生到边远地区、到祖国最需要的地方去建功立业，不断出台优惠政策和措施引导毕业生下基层。而事实上，毕业生在第一战场的竞争愈演愈烈，而第二战场却乏人问津，显得十分冷清。

（一）“筑巢”西部大开发、振兴东北老工业基地、实现中部崛起

近些年来，党中央与国务院根据世界经济发展趋势和中国经济社会发展形势，从贯彻科学发展观、构建社会主义和谐社会的高度，先后提出了西部大开发、振兴东北老工业基地、实现中部崛起等战略举措，并且给予相当的政策扶持以及资金上的倾斜。这些地区需要大批人才，这些开发战略的实施会增加更多的就业机会，也正是毕业生们大显身手的最佳时机。毕业生们应当及早准备，积极参与到西部大开发、振兴东北老工业基地、实现中部崛起中去，到祖国最需要的地方去展现自己的才华，实现自身价值。

（二）基层广阔天地，大有作为

毕业生要消除考大学就是跳“农门”、脱离苦海的落后思想，

坚信"广阔天地，大有作为"。现在，一些经济发达的农村早已成为毕业生向往的"人间天堂"，如闻名遐迩的江苏华西村、河南南街村、深圳南山村等，吸引了越来越多的毕业生前来就业。再如，浙江省绍兴县杨汛桥镇是一个有3.2万人口的江南小镇，有来自全国各地的大中专毕业生近2 000多名，效力于当地的多家乡镇企业。在这个镇上的一家建筑企业，仅来自上海交通大学、同济大学两所高校的毕业生就有50多名。人才为这些农民创建的企业的迅猛发展注入了强劲动力。但是，绝大多数农村还不富裕，甚至还非常贫困，交通不便，地理环境恶劣，文化教育滞后，然而，他们的脱贫心、致富梦一天也没有熄灭。他们日复一日、年复一年地盼望改善条件，过上幸福美满的生活，希望孩子们不要因为极度贫困而辍学。他们需要懂经济、懂技术、有见识、能率领大伙致富的带头人；他们希望懂教育、有爱心、能吃苦的老师扎根山区，让孩子们不再因为没文化继续穷下去；他们需要农技人员、医生等许多方面的人才。对于许多边远地区的农民来说，他们的希望在很多时候变成了失望。

近年来，中组部开始加大力度，每年安排10万名优秀毕业生到农村，并提供了优惠政策，为毕业生就业开启了绿色通道。一个地方，只要出一个能人，这个地方的致富之门就已开启了一半。我国各地的富裕村都做了极好的诠释。所以，当毕业生能成为农村致富的领头羊时，就显得格外惹人注目，他们不仅是当地村民心目中的英雄，也是千千万万大学生崇拜的明星。

（三）到小企业施展才干

要引导毕业生将小企业作为就业的主要战场，必须首先要让小企业成为有活力的板块，让小企业成为毕业生心目中的"绩优股"。为此，整个社会要创造有利于小企业成长的环境，大力发展小企业。小企业作为活跃市场的基本力量，容纳了社会上大多数的就业人员。其实，不论是现在还是将来，也不论在国内还是国外，小企业都是创造就业机会的主渠道。

小企业是我国吸纳毕业生的主力军。小企业通常具有更多的创新和个人成功的机会，更强的生产革新和产品更新能力，而且它们就业岗位的成本比大企业低得多。小企业求贤若渴，人才需求量大，毕业生能到这片广阔天地开拓事业无疑是明智的选择，不仅有利于小企业的发展，也有利于自己更好地发挥聪明才智。

（四）自主创业

当前，高校毕业生就业难是世界各国高等教育无法回避的一个世界性难题。发达国家解决这个世界性难题的一个比较有效的方法，就是鼓励高校毕业生自主创业，因为毕业生个人就业了，只解决了个人的就业问题，而如果毕业生创业，就不仅解决了自己个人的就业问题，还为其他毕业生甚至社会无业或下岗人员创造了就业机会。目前，在我国经济发展不太可能提供足够的就业机会的情况下，高校毕业生自主创业不失为一个上好的选择，同时又为政府解决就业这个民生之本的大难题做出了自己应有的贡献。

思考与讨论：

1. 毕业生就业常见的心理误区是什么？试联系自身实际，谈谈自己的感想。

2. 毕业生就业应具备什么样的心态？

第五章　求职途径的选择

学习目标：

1. 了解求职的途径与方法。
2. 了解求职信息的特性与分类。

第一节　信息准备

某大学毕业生宿舍，小赵在电脑前不停查找着各种求职网站的信息，智联招聘、前程无忧……虽然现在是冬末春初，仍有大滴大滴的汗从他额头滚落。而邻床的杨阳却胸有成竹，手中早就握着几个单位的就业意向书，从国企到民企，杨阳在犹豫，但脸上有种灿烂的神情。什么让同一个专业、同一个宿舍的他们在就业的重要关头面临不同的情况呢？

小赵只是单一地将搜集就业信息定位在传统的网站搜索，杨阳则有更多的想法，他说："我觉得自己能在就业上脱颖而出，主要是因为手头有很多就业信息可以选择。从综合学校就业指导中心提供的就业信息，到我自己去心仪企业网站链接上搜索到的招聘信息，我在尽可能多地搜集和利用就业信息，我是赢在起跑线上。"

就业信息对于每一位谋求工作的毕业生来说至关重要。择业决策的过程实际上就是一个与择业有关的信息搜索、处理和转换的过程。在择业过程中，无论是职业目标的确定、求职计划的设计，还是决策方案的选择、就业信息的搜索和处理都是基础。

就业信息是指通过各种媒介传递的有关就业方面的消息和情况，如就业政策与形势、就业机构、供需情况、招聘活动及用人信息等。作为一种形式，它有固有的属性。获取有效的就业信息，在职业选择中有举足轻重的作用。为确保顺利就业，要保证搜集的信息相对集中，又与专业兴趣相结合，适度和实效。

一、就业信息的特性

1. 真实性

就业信息必须是真实的。由于信息来源渠道和传递方式不同，难免造成真实程度不一。毕业生要做到不道听途说，不闭目塞听，一定要冷静思考，多方获取，认真比较，增强判断求职信息真实性的能力。

2. 有效性

必须能够真实、全面、准确地反映用人单位的招聘意图。用人单位发布的信息适合众多求职者，毕业生要选好自己的方向。招聘信息有时缺乏有效性，毕业生要提高鉴别意识和能力。

3. 时效性

时效性是指在规定的时间段内有效，过时则自动失效。因此，毕业生尽可能在第一时间对信息进行积极反应，避免重要信息在自己手上成为“明日黄花”。

4. 全面性

就业信息应向求职者下达用人单位对所需专业、所求人才的数量和素质要求，也要展示自身的业务状况、发展前景和薪资水平等。使毕业生能够获得更加全面的信息，既保证信息翔实又尽可能全面。

二、就业信息的作用

信息的价值在于会用则有、不会用则无的特性。要学会综合分析、思考，善于发现并利用其价值。在当今社会里，信息早已成为一种重要资源，一个人拥有的信息量的多寡，往往成为决定事业成功与否的关键。

对毕业生而言，就业信息的作用是不容忽视的，就业信息的作用至少应该包括以下几个方面：

(1) 可以为自己提供就业机遇。每条有用的信息就是一次机会；就业市场化使得就业信息越来越重要。

（2）可以有效地分析就业形势、就业政策，使自己在就业时目标明确，做到不走或少走弯路，顺利就业。

（3）依据就业信息和用人单位招聘要求，及时补充知识，外塑形象，内强能力和素质，增强就业竞争优势。

（4）有利于在今后自主创业、自我发展的过程中实现自己的人生理想。对于许多延迟就业、灵活就业或再次就业的毕业生来说，有效的就业信息使其主动了解社会和自己，以便更好地发展。

分析往届毕业生就业情况，凡是求职择业顺利、就业满意的毕业生，绝大多数都拥有较多并能正确使用就业信息。反之，就业态度不积极、就业信息掌握和使用不足的毕业生，往往在求职择业时举步维艰。

三、就业信息的内容

就业信息的内容通常应包括以下几个方面：

1. 就业政策

国家、地区、部门及学校对毕业生就业的一些政策、规定是毕业生求职的前提和基础。毕业生应该领会其精华，为择业提供政策依据。在入世后人才竞争日益激烈的背景下，对于大学毕业生的就业，国家和各个地区都在制定并不断修改完善自己的人才政策，营造有利于毕业生就业的政策环境。

2. 就业形势

就业形势是一个比较宏观的概念，一般主要包括以下几个方面：①国内外经济发展总体状况及趋势；②本届毕业生就业市场总体形势、供需比例和结构；③所选城市和地区的经济状况，对人才的吸纳水平和市场的供求行情；④所选行业和领域的发展状况等。就业水平是经济发展水平的晴雨表。可以说，国家每年毕业生就业情况在很大程度上直接反映了当时国家经济发展的水平、速度与潜力。

3. 就业机构

包括网络在内的各种媒体、学校就业指导中心、各个地区的就业指导机构、各地人才市场及其在各个时期组织的招聘会，都是信息获取的渠道。既然要通过这些机构获取信息，毕业生必须熟悉并能充分利用它们获取信息，完成就业。所以，首先要熟悉上述各种组织机构的工作程序和信息发布规律，时刻关注就业的工作安排，将其作为成功获取就业信息的必由之路。以学校为例，就业指导中心专门从事毕业生就业工作，是毕业生获取求职信息的主要渠道。院系主抓毕业生工作的辅导员和就业指导中心，同有关用人单位保持着广泛而密切的联系，因工作已经形成信息网络或稳定的合作关系，有些单位逐步成为学校毕业生的就业基地。在每年毕业生就业阶段，就业指导中心都会及时地向各个用人单位发布毕业生资源信息函，并征集大量需求信息。同时指导中心还会组织各种规模的毕业生就业洽谈会，在毕业生和用人单位之间架起了一座信息桥梁在每年毕业生就业的关键时期，全国各个高校、各个地区都组织就业洽谈会，为毕业生就业提供很多机会，毕业生一定要充分利用这些机会抓紧就业，因而了解这些洽谈会的相关情况则显得尤为重要。

4. 社会需求

了解本校、本专业毕业生在社会上的需求及变化情况，并依据受欢迎程度及时调整就业期望值，做到有的放矢。一般来讲，用人单位的信息包括以下几个方面：

（1）用人单位需求人才的数量和具体要求。

（2）用人单位的性质及其在行业中的地位和发展前景。

（3）用人单位的发展历史以及目前的硬件设施、发展规模、经济效益、职工收入状况及其他福利待遇。

（4）用人单位人事管理制度、人才使用情况，例如工作几年方能考研、劳动合同签订年限、违约条款等。

（5）用人单位管理体制，岗位设置，技术人员、管理人员的培训机会，个人发展前景等方面情况。

（6）用人单位的地理环境、交通状况、文化生活，办公条件等。

（7）用人单位的联系方式。如通信地址、联系电话、邮政编码、联系人、传真、E-mail 等。

5. 其他信息

（1）跨国公司的就业信息。随着知识经济的到来，伴随着中国入世和世界经济一体化加快，国与国之间的交流越来越多。毕业生到三资企业或派往外国就业成为可能。

（2）注意新兴行业的有关信息。为增强国际竞争力，我国要在电子信息、生物工程、新能源、航天技术、环境保护等新兴产业中掌握核心技术、培育新的经济增长点，相关专业的学生要提前做好准备。

（3）有关报考研究生和公务员的信息。

（4）团中央、教育部、财政部、人事部发起的“大学生志愿服务西部计划”。

（5）毕业生参军信息。

（6）毕业生自主创业信息。

第二节　求职择业的实施过程

求职的过程就是获取及利用就业信息的过程，要科学有效地获取所需要的信息绝非易事，毕业生要切实把握就业信息的特性，全面了解就业信息的内容，掌握获取就业信息的方法，并且要合理使用就业信息。从而保证所获信息的可靠、完备，在择业过程发挥最大的效能。

一、获取就业信息的渠道

（一）个人

1. 利用学校就业网站、官方微信公众号

随着国家和高校网上就业工作的深入开展，毕业生可以方便地在学校的就业网站官方微信公众号上查看相关单位招聘信息。

2. 利用专业的求职网站

专业的求职网站每日动态发布大量工作职位和单位招聘信息，

而且专门为求职者开辟求职网页，方便求职者注册使用，如：

中国高校毕业生就业服务信息网 www. myjob. edu. cn

中国高校就业联盟网 www. job9151. com

中国大学生就业网 www. china-university. com

高校毕业生就业网站导航 www. gradnet. com. cn

大学生就业网 www. jiuye. org. cn

还有各省、各地区建立的就业网站，相互之间都有链接。如果不清楚使用哪一个网站，只要你确定求职地域和专业方向，都可以利用探索网站进行搜索，保证能够找到你所需要的任何求职网页。

3. 利用招聘单位的网站、官方微信公众号

很多用人单位都有自己的网站和官方微信公众号，用于展示企业形象、宣传产品、扩大知名度、拓展业务范围和招聘人才等。毕业生可以直接登录它们的网站或关注企业的微信公众号，发送自己的应聘信息。

4. 新闻媒体

报刊、广播、电视等媒体以其信誉度高、传播速度快、涉猎面广、易于为大众接受等特点，成为各类企事业单位或组织介绍企业现状、发展前景和人才需求的重要工具，特别是《中国大学生就业》杂志与各高校的就业专题报纸、杂志等都在大学生求职过程中发布大量用人单位的需求与招聘信息；各地的人才市场报和城市晚报也都开辟了人才需求信息和招聘广告。毕业生通过阅读这些传统的新闻媒体，可获得大量的或有用的就业信息。

5. 社会实践和毕业实习

毕业生在求职择业过程中一个很大的障碍是供求双方缺乏了解。而毕业生在校期间所从事的社会实践和毕业实习等活动，是毕业生了解用人单位，并让用人单位了解自己的良好途径。毕业生在参加社会实践和毕业实习时，应该力求做到与选择就业单位和确立就业意向相挂钩，了解你所实习企业各方面的情况，并且争取在社会实践和毕业实习过程中表现突出，以提高择业成功的可能性。

6. 社会关系网

由于我国社会关系本位的特殊性，毕业生在求职过程中不可避免地会使用社会关系网络。近年来，社会关系网络在求职过程中越来越发挥着不可替代的作用。社会关系网能够带来三个方面的独特好处：分享非公开信息、借助多种技能以及获得权力。建立良好的关系要注意以下几点：①强力 10 人内部圈。良好、稳固、有力的人际关系的核心必须由 10 个在你职业生涯中彼此联系紧密的人组成。②保持联络，是成功建立关系网络的另一关键。③经常调整关系网。④为你的关系网络和组织提供信息。优秀的关系网络是双向的，如果你仅仅是个接收者，无论什么网络都会疏远你。

（二）学校

学校发布的就业信息往往是用人单位主动向学校提供明确的用人需求，或是与学校有密切关系、相互信任的单位。因此，就业信息可靠，用人单位情况明确。在用人单位看来，学校对毕业生的情况是比较了解的，学校对毕业生的推荐可信度高，有权威性，因此，经过学校的推荐，求职者和用人单位往往容易相互认可，成功率较高。

（三）他人

即利用老师、父母、亲友推荐的就业信息。因或与相关单位联系密切，或是学术声望高，或对求职者十分了解，老师的推荐容易引起用人单位的重视和信任。实践证明，父母、亲友的推荐，对毕业生择业成功的帮助不可忽视。

（四）各级政府就业指导机构及人才市场

为了适应毕业生就业制度改革的需要，全国县以上各级政府一般都设立了毕业生就业指导机构，其主要职责就是制定所辖区的毕业生就业政策，向毕业生发布本地区企事业及用人单位招聘信息，为毕业生就业提供各种咨询与服务。他们每年都要通过各种形式为毕业生提供大量真实、可靠的就业信息。

各级地方政府除了设立专门的毕业生就业指导机构外，还专门设立了人才市场，定期组织人才交流会，毕业生可以通过人才市场随时掌握第一手的用人信息。同时，各地各部门还在毕业生就业的高峰期举办各种类型、各种层次的双向洽谈会，由于这些洽谈会是专门针对毕业生组织的，毕业生和用人单位都有较强的目的性，获得成功的可能性比较大。

选择哪一种或几种途径并不是最重要的，重要的是要有意识地、科学地寻找、收集和利用信息。这个寻找机会的过程本身就是很好的职业训练、自我认识与锻炼提高的过程。

二、获取就业信息的具体方法

（一）定行业搜集法

毕业生获取的信息主要是以自己所倾向选择的某个行业为主，围绕选定的行业获取相关的企业信息、行业现状及发展前景等。

（二）定区域搜集法

毕业生获取的信息以自己所倾向的地域为主。在以地域为主要参考进行信息搜集时，毕业生可以从以下几点考虑：首先，可以将地域粗略地划分为诸如“西部”“沿海”“内陆”等不同地域；其次，可以将地域划分得更细一些，比如按东北、华北、西北、华中、华南等地理区域进行划分；最后，也可以把区域具体到省份或中心城市，如北京、上海、深圳、杭州、沈阳等非常具体的城市，还可以就定为自己的家乡或是学校所在地。

（三）定志趣搜集法

这种获取信息的方法凸显了毕业生的特长和爱好等主观意志，体现了现代大学毕业生张扬自我、关注自我价值的特点。毕业生在获取就业信息时充分考虑了自己的志趣，而不以行业或地域为重。这种方法有利于从自身的角度出发，就业目标明确，专业方向固定，便于找到合适的工作。

（四）综合搜集法

利用网络获取信息是最重要、最经济、最快捷的方法，采用这种方法可以将各种信息兼收并蓄，按照一定的原则和标准进行筛选。这种方法能够规避前三种方法中信息面不足的缺点，是广大毕业生最喜欢、最常用的方法，但由于涉及面太广，会花费较多的时间和精力。

以上四种方法各有利弊，前三种方法针对性比较强，利用有限的精力和时间获取到对自己有用的信息，但是存在信息面窄的不足，难免有所偏颇。第四种方法优点是信息全面，是广大毕业生最喜欢、最常用的方法，但由于涉及面太广，分拣和甄别有用信息会很消耗时间和精力。毕业生可根据自己的实际情况将四种方法有机地结合起来，互为补充，效果会更好。

三、就业信息的整理与使用

毕业生在择业过程中通过各种渠道，采用各种方式获取到大量的就业信息。但哪些信息是对自己有用的？这就需要对获得的信息加以整理。只有真实而有效的信息，才能有助于毕业生在择业中做出正确的选择，只有进行科学合理的整理后的就业信息才可作为择业的依据加以使用。

（一）务必对就业信息进行鉴别

让我们先来看这样一则招聘启事：

××生物医药有限公司高薪诚聘

本公司是专业从事血液制品及生物制药设备的生产经营企业，在国内已有相当的知名度。公司下属的分公司、办事处遍及十几个大城市。为进一步拓展国内市场，将公司发展成为中国医药行业巨人，经市人力资源和社会保障局同意，诚聘以下优秀人才：

1. 分公司（部）经理5名：40周岁以下，大专以上学历，5年以上销售经验，2年以上销售管理经验，有管理才能，身体健康。

2. 高级业务代表30名：35周岁以下，大专以上学历，2年销售经验，熟悉医贸管理、生物制剂专业知识者优先。

3. 广告策划1名：40岁以下，美专毕业，5年以上工作经验，具有平面设计、CI策划经验，有创意制作能力，身体健康。

以上人员需具有敬业、创业精神，勤奋踏实，有强烈的责任心、事业心和开拓精神，吃苦耐劳、刚毅顽强。应聘者经公司培训考核后，一经录用，待遇从优。业务代表待遇底薪1 200元＋佣金＋良好的晋升机会。凡有志者，请将个人资料（学历复印件、身份证复印件、简历、工作业绩、一寸近照1张、联系电话等）寄至本公司行政人事部。初选合格者即通知面试，未接通知者应聘材料恕不退还。欢迎全国精英来信应聘。××生物医药有限公司将为您提供创业沃土，共图公司大业。

地址：××市×××路×××号　邮编：×00000

电话：××××××××

从这一招聘启事中我们可以看到：

(1) 企业拥有一定的知名度和实力，公司下属的分公司、办事处遍及十几个大城市。

(2) 明确的企业奋斗目标：成为中国医药行业的巨人。

(3) 应聘条件实际：强调实际能力的同时也对有经验者给予一定的优惠政策。

(4) 招聘对象与企业发展所需要的人才是对应的、一致的，招聘内容是严密的。

(5) 公司精神是积极奋发向上的：对应聘者提出了需具有敬业、创业、开拓精神，说明该公司的领导注重人才的内在质量，企业中有一个良好的工作氛围。

(6) 待遇明确：一是“一经录用，待遇从优”；二是对有一定贡献的人提供“良好的晋升机会”，体现了对人才的尊重和渴求，特别是对优秀人才的期盼；三是“欢迎全国精英来信应聘。××生物医药有限公司将为您提供创业沃土，共图公司大业”的话语，则真诚地表现了该公司对人才的欢迎。

(7) 应聘个人资料要求齐全：学历、身份证、简历、工作业绩、近照、联系电话等。

（8）此次招聘行为是合法有效的，写明“经市人力资源和社会保障局同意”字样。

（9）公司所在地址、联系电话明白无误，便于应聘者对其有更深入的全面了解。

总之，这是一份较为理想的招聘启事。

再举一例：

××医疗器材有限公司

国外医疗器材供应商，欲聘华东、华南、东北销售工程师及经销商。

大专以上生物医学工程专业毕业生25～35岁，有常规医疗设备操作或检测工作经验，懂电脑及外语（英/日）尤佳，备历、照片、联系地址寄：上海××路××号××小姐（先生）收，合则约谈，恕不退件。

与前则启事对比，可以看出比较明显的问题是：

（1）一般正式的招聘启事都应写明“经人力资源和社会保障局同意，拟招聘下列人员”的字样。而这一启事中没有，不免让求职者产生怀疑，怀疑此次招聘行为的合法性、有效性。

（2）对招聘对象应具备的条件要求不明，其一，备“历”是指个人学历还是简历，是原本还是复印件，让人读不明白；其二，招收多少人员，没有注明，使人难以捉摸。

（3）启事中没有写明劳资制度，也没有交代工资待遇，缺乏必要条件。

（4）只有招聘地点，没有具体招聘时间及截止日期，给择业者带来许多不便。

所以，对于一个求职者来说，一则比较好的就业信息（招聘广告）应包含下列要素：

（1）工作单位全称并指明单位性质及上级主管部门。

（2）工作单位的发展实力及远景规划，在整个行业中的排名或在社会整体经济结构中的地位。

（3）对从业者年龄、身高、相貌、体力等生理方面的要求。

（4）对从业者政治思想、道德品质、工作态度等方面的要求。

（5）对从业者学历及学业成绩的要求。

（6）对从业者职业技能和其他才能的特殊要求。

（7）对从业者的职业兴趣、职业能力、职业气质等职业心理特点方面的要求。

（8）工作时间：工作时间的长短、三班制或长日班。

（9）工作地点：工作单位的地址及附近的交通线路。

（10）工作环境：如室内、户外、冷、热、潮湿、噪音、高空、低洼等。

（11）个人收入及福利条件：如每月薪资水平、资金的计算方法、办理何种保险、是否享受公费医疗、退休金等及其他相关的福利条件。

（12）工作前途：此工作晋升、进修培训的可能性和周期性。

（二）学会选择适合自己的就业信息

毕业生在择业以前，必须对自己做一个全面的认识和正确的自我评价，不但要清楚自己想要干什么，更要弄明白自己能够干些什么，要清楚自己的兴趣爱好、气质特点、性格特征、基本素质、专业知识、技术能力等，在此基础上可以从以下几方面入手来进行判断。

（1）专业性。专业知识是毕业生在择业中比其他非专业人员更具竞争力的一个主要因素。大部分毕业生在通过4年的专业学习后希望能从事专业对口的工作，另外，由于毕业生没有任何工作经验，对专业以外的工作往往没有十分的把握，所以，专业是否对口，往往是用人单位和毕业生双向选择中的一个共同标准。

（2）兴趣爱好。近几年来，毕业生求职时专业不对口现象越来越多，如许多计算机专业毕业生去搞经营，汽车专业毕业生去干管理等。放弃专业固然可惜，但兴趣爱好是一个人工作事业取得成功的重要条件。研究表明，对自己所从事的工作有兴趣，就能发挥全部才能的80%～90%，并能长时间保持高效率而不感到疲劳。

不过记住，你在选择你爱好的职业前，应该了解自己的能力，这里讲的能力是指专业知识以外，如计算机应用能力、外语能力、动手能力、实践能力、协调能力等。放弃了专业知识后，你面临的将是综合能力的竞争。

（3）性格特征。性格特征也与职业信息的选择有关。如果你是一个性格内向、好静不好动的人，面对两条就业信息，一个是需要办公室文员，一个是需要营销代表，那前者是你的选择。不同性格的人适合从事不同类型的职业，毕业生应该根据自己的性格特征来选择自己所适宜的就业岗位。

另外，你还可以根据个人的要求，如对用人单位性质的要求、对用人单位规模的要求、对地理位置的要求等，在各种就业信息中选择出有价值的、适合自己的信息。

（三）学会对就业信息进行处理

由于就业信息时效快、数量大、品种多、范围广，所以在对其进行处理时必须做到以下几点：

（1）初步筛选。结合就业政策、行业和地域特点、用人单位情况等各种就业信息进行分组，形成粗略的信息群，剔除与自己关系不大的信息，完成初步的筛选。如可以按照行业、地区或者隶属关系等将所有的用人单位进行分类；或是将所有用人单位列成标注有行业、地区或者隶属关系的清单等（见表 5－1 和表 5－2），表中给出了两个对就业信息进行分组整理的例子。

表 5－1　按照地区对用人单位进行分组

用人单位所在地区	用人单位	招聘条件	自己的优势（如特长、技能等）	自己的要求	……	备注
上海						
北京						
深圳						
……						

表5-2　各单位情况清单

用人单位名称	用人单位所在地区	用人单位行业特性	用人单位隶属关系	……	备注

可以参照上表，结合自身实际情况，自己动手制作更加完备的分类表格，通过表格汇总各类信息，直观反映信息群的特性，方便参考。

（2）正确的选择。择业的成败很大程度上取决于对就业信息如何进行选择。选择是一门集政治性、思想性、科学性和综合性于一体的学问，其中也包括方法论科学。要选择得好，首先必须能在较短的时间内查阅大量的信息，以便从中迅速发现最有用、最重要的信息；其次要鉴别、判断，善于识别信息的准确性、有效性和可行性。我们说，信息在传递过程中由于信息来源和人为的一些因素，造成有些信息的失真或污染，这是在所难免的。这就要求我们必须通过查询、核实来加以修正、充实，使信息具有有效性；同时必须依据各自实际情况和有关方针政策找到与自己最合适的信息，使信息具有可行性。

（3）善于开拓。许多信息的价值往往不是直观的，必须经过使用者深入思考，加以引证才能发现。正如常说的那样：信息的价值会用则有，不用则无。所以当你获得一定量的就业信息时就必须善于利用，否则将一无所获。

（4）迅速反馈。信息有很强的时效性，及时用之是财富，过期不用是垃圾。当你收集到广泛的信息并加以分析处理后，应尽早决断并向用人单位反馈信息：一是因为招工、应聘都是有一定时限的；二是因为条件较好的职业谁都会被吸引，而录用指标是有限的，所以犹豫不决会使你痛失良机。

（四）通过就业信息求职

大学毕业生在对就业信息进行整理之后，还应该尽快使用信息。这不仅因为求职信息的时效性，还由于信息对全国高校的毕业生都是公开的。一旦你的动作慢了，或者自己努力不够，别的毕业生往往就会捷足先登。用人单位完成招聘计划后就不会再招聘人员了，尤其是在企业定岗、定员的今天，更不会轻易多招人。所以毕业生在使用就业信息时，既不能盲目，也不能拖拉。

毕业生求职案例

案例1：

某校2012届中西医结合专业系毕业生韩某，在学校举办的毕业生小型招聘会上，茂名市卫校联合当地卫生局、人力资源和社会保障局带编制招聘，招聘团体经考核一致觉得他的情况不错，愿意接收，而且表示他到单位后会有很好的发展前景。虽然该生也愿意到该单位，但觉得单位所在地不尽如人意，有些偏僻，气候不好。在场的就业指导老师认为该单位整体情况不错，应抓紧时间尽快决定。可能是这种机会来得太容易，该生反而做出了不去该单位的决定。对此，老师觉得很遗憾和惋惜。但时隔不久，该生思想上又发生了变化，又想去该单位，而这时该单位招聘计划已经完成，不再接收。此例说明，求职信息的时效性非常强，毕业生一定要抓住机会，尽快决定，不然就会错失良机，后悔莫及。

案例2：

某校毕业生赵某，在校时曾是“三好学生”，多次获得奖学金，担任过学生干部。但是，由于其没有正确把握作为规培生聘用进校附属医院机会，对形势认识不够，准备不足，错失了与学校签约的良机。赵某在无奈之机得知血液中心需要该专业毕业生，但非“211”、“985”高校毕业生与之签约的成功率极低。可是，在老师指导下，抱着试试看的态度，赵某大胆到该单位自荐并保持经常联系，结果因为积极向上、不怕困难、善于交流等优秀品质意外地被用人单位录用。现在工作状况良好，本人也深受教育。

案例3：

某校2012届电子信息学专业系毕业生周某，经多方努力，已经拿到了与单位签订的协议书，但放在手里迟迟不上交，心想如果找更好的单位就违约。结果到6月底，他已错过第一次省里派遣日期。7月初，学校整理、转寄毕业生档案，之后，毕业生派遣需要自行到省毕业生就业主管部门办理，档案由省毕业生就业主管部门几个月后才能转寄到毕业生派遣单位，导致该毕业生不能按单位要求顺利报到，家长和学校都十分着急，既成倍地提高了就业成本，又给各方都造成不良影响。

四、求职方式及途径

（一）网络求职

新兴的网络求职伴随着互联网的飞速发展，越来越受到求职者和企业的青睐。这种求职方式范围广、无区域和时间限制、快捷、省时省力、费用低，但也存在求职成功率低等问题。

网络求职一般有三种形式：①在网上发布求职信息，坐等用人单位和你联系。这种形式一般是先要求求职者进行注册登记，填写求职意向、要求以及个人情况和通信方式，最后提交完成即可。这是一种被动的网络求职形式，采取这种形式时可以在多家网站同时发布自己的信息，但要注意及时更新。②根据网上发布的招聘信息，主动出击，发送求职意向。目前多数求职网站都提供“职位搜索”功能，求职者可以设定“岗位”“工作地区”“待遇”等条件进行搜索，发现自己满意的岗位后与用人单位进行联系。③直接登录用人单位站点，了解单位的岗位需求，如果有满意的岗位就主动发电子邮件联系。如果用人单位对你发去的资料感兴趣，就会和你联系。

案例：

网络求职，方便直接

小林近期通过网络找到了一份满意的工作，他说：“我先精心制作了一份能够表现自己特长的简历，然后在一些大型的人才网上注册，接着搜寻自己满意的单位投递简历，这不但比去人才市场大汗淋漓地挤来挤去节省金钱、时间和精力，而且更加有效，选择的范围更广。”

网络已经成为社会招聘的一个重量级媒介，95%以上的IT公司、电子公司都是通过网络来收集人才信息的，一些学校或用人单位也会在自己的网站上发布相关信息。网络求职的优点是成本低、简历投递方便快捷，缺点是无法与招聘人员面对面，只能通过网站上的简单介绍来了解职位信息，较难核实信息的真实性或做进一步了解。

有些同学担心网络求职会上当受骗，其实，大型的招聘网站对招聘单位审批都非常严格。当然，自己还是要留个心眼。也有很多同学注册了，也发送了简历，但是一个面试通知都没有接到。这样的事情不奇怪。原因可能在于：第一，你的简历可能不够吸引人；第二，投的单位可能不是要招收应届毕业生；第三，所投的职位竞争的人数多。

当然，如果找到你很中意的单位，你可以更详细地了解，或者打电话争取面试机会。

以下是一些比较权威的、全国性的招聘网站，供参考：

前程无忧工作网 http://www.51job.com/

中华英才网 http://www.chinahr.com/

智联招聘网 http://www.zhaopin.com/

中国人才热线 http://www.cjol.com/

网络求职其实不应该只包括在求职网站登记简历，还应该包括所有通过网上发送简历的行为。如果能合理地利用网络求职，相信能为你的求职添上成功的一笔，不过要想提高网络求职的成功率，还要活用以下的一些小技巧。

1. 有针对性地挑选网站

知名招聘网站的“校园招聘”频道、各地的高校毕业生就业服务网站、高校网站的“招生就业”频道、企业网站的“人才招聘”频道等，适合应届毕业生的岗位相对集中。

2. 仔细过滤，筛选信息

网上的职位信息十分庞杂，要学会利用职位搜索器等工具过滤、筛选出自己的目标行业、目标职位。投递简历前，还要特别留心职位信息的有效期，滤去那些无效信息。

3. 把简历放到招聘网站的数据库中

因为用人公司会到这些网站浏览并挑选简历，应该让用人公司带着明确的目的来找你，胜过自己向大量公司无目的地发送个人简历。认真填写“职业类别”“工作地点”“发布时间”这三项，因为招聘者通常都根据这三项来筛选人才简历，准确率和成功率会比较高。

4. 每申请一个职位发送一封邮件

申请同一公司的不同职位时，最好一个职位发送一份电子简历。

5. 选择合适的时间

在你发送电子简历时要错开高峰期，上网高峰一般在中午至午夜，这段时间传递速度非常慢，而且还会出现错误信息，因此，要择机而动。

（二）电话求职

现在通信很畅通，除了可以利用网络求职，也还可以利用手中的电话求职。但电话求职因其本身的特点决定其有很多方面需注意：①电话要在安静的场所打，如果是使用公共电话，要特别注意周围环境。在嘈杂的大马路边或热闹场合都不适合，除了听不清楚之外，也会容易让人焦躁。②电话内容要准备充分。电话接通后，先告知对方你从哪里得知的应聘信息，然后说出你的姓名，请他们帮忙转接相关部门。待与人事部门相关人员联系上后，再报出姓名，对自己的情况做简单介绍。③同时要注意将询问到的各项信息记录下来，这样做对以后的应聘是大有好处的。尤其是同时应聘好几家单位的时候，会有很大的帮助。

（三）邮递求职

尽管求职的方式很多，简历的无纸化也成为一种发展趋势，但传统的邮递简历的求职方式仍然被许多求职者所采用，而且，通过邮递纸质的个人求职材料更显正式和更加具有求职的诚意。关于求职信和个人简历的制作将在后面相关章节阐述，这里主要介绍邮递个人求职材料过程中需要注意的三个问题。

（1）书写问题。信封一般应当由本人亲笔填写，字体应清楚、端正。要确保用人单位的名称、地址、邮编和联系人名称没有错误。需要注意的是收件人的名字和称呼一定要准确，名字不能写别字，称呼更不能“想当然”，不能因为对方是比较男性化的名字就称“先生”、女性化的名字就称“女士”，“小姐”的称呼更不能滥用。因此，在不知道对方性别、年龄和职务的情况下，称呼“同志”是比较保险的。在信封上写上“××同志收”。

（2）信封的保洁问题。信封应保持整洁，避免被水浸泡或被墨水污染。正式、整洁的信封从一个侧面反映了求职者的素质。尽量不要在信封上胡乱书写，除非对方确有要求。不能使用涂改过的信封，如果写错了应该更换信封，以表示对招聘者应有的尊重。

（3）求职材料的组成和叠放。一般来说，求职材料应当包括中文的简历和求职信、英文的简历和求职信，以及必要的证明材料复印件。除非用人单位有特别要求，否则不要只提供英文简历和求职信。按照一般要求，求职材料的叠放顺序依次为中文求职信、中文简历、英文求职信、英文简历，最后是证明材料的复印件。上述材料的纸张和尺寸应当统一，折叠时应以三折为宜。信封要结实，大小与折叠后的材料尺寸合适。如果有条件，应当采用大信封进行邮递，因为不折叠的效果会更加理想。

（四）向实习单位求职

大学生毕业前都有一段实习时间，其实实习也是个很好的求职机会，在实习时表现好，实习结束就可能直接被实习单位聘为正式员工。

知名企业：求教于前辈们。大企业留用人的决定权一般掌握在多个部门。微软中国公关部表示，实习经历和表现将会对在校大学生应聘微软公司的一些职位有很大帮助。很多表现优秀的实习生，且本人实习结束后有在微软工作的意愿，通常会由小组的负责人举荐给人力资源部门。研究你所在的企业，并积极接触师兄师姐们，寻求实习经验。

事业单位：为公务员面试做准备。这种单位对于一般人来说转正难于上青天。现在推行公务员考试制度，况且这样的单位平时招人的概率比较小，员工流动率不像企业单位那么大。所以，要想实现事业单位转正，基本不太可能。但还是那句话，积累些经验，为日后公务员考试面试打下基础。

中小企业、创业型企业：搞定老板。对于中小企业和创业型企业，留用人的流程没有知名企业来得那么复杂。一旦你的表现让企业上层看到了价值，他们会马上拍板要你。所以，在这样的企业，转正机会应该来说是非常大的。你要做的就是，花点心思研究一下该企业运作规律，老板的思路、价值观，企业需要什么样的人才，这样的企业一般需要有创新和踏实的工作精神的员工，并且努力工作和表现就可以了。四川在线曾报道过，在《天府早报》举行的“名优企业与高校学子就业对话”活动上，与会的中国联通、中药通、冠城集团等十多家企业的老总及人事部负责人就提升大学生就业竞争力纷纷发表高见。他们认为，大学生除了要注重提高自身综合素质、专业技能外，还应充分把握住毕业前夕在各大单位的实习机会，发挥主观能动性，积极向实习单位展示自身才华和品质，让单位赏识自己，创造出一条就业捷径。

案例：

1. 实习敬业获机会

去年暑假，广州市红十字会医院接收了在广东几所医学院校就读的3名大学本科生。在长达两个月的实习中，来自广东医学院的小梅同学表现出色，当时天气炎热，小梅却总是最后一个下班。平时在细小琐碎的工作中，她总是兢兢业业，踏实进取，不懂就学就问，医院上下很多医生和护士都对她给予了很高的评价。但来自另两所医学院校的杨清、李明却在工作中表现一般，很不主动。去年下半年，红十字医院在增加医院编制时，人事负责人想到了小梅并把她聘用到临床岗位上。

2. **实习表现优异成功转正**

因在实习期表现优异“幸运”被实习单位招回正式任职的事例，事实上在高校中已举不胜举。现正在北京协和医院工作，2012年7月毕业于南方医科大学临床医学的小娟就是其中颇为典型的一个。毕业前夕，小娟好不容易争取在北京协和医院实习的机会，实习期间，她充分发挥自己的专业技能，工作中屡受导师的赞赏。7月一毕业她就顺理成章地被北京协和医院作为住院医师规范化培训人员留用了。

3. **墙里开花处处香**

现正供职于《家庭医生》编辑部、广州医学院英语专业的小张，因在该报实习期间多次采写出具有相当分量的医学信息，从而受到《家庭医生》编辑部的赏识，在双方达成一致意向后，张群一毕业就被杂志社录用为杂志编辑。

（五）参加招聘会

在招聘会上，王文强花了5元门票一次性就找到了令自己满意的工作；而同宿舍的马德文带着厚厚的一沓简历东奔西走，频繁地出入各种招聘会现场，简直“逢会必到”，忙得疲惫不堪，花了数百元也难尽如人意。

同样是参加招聘会，结局的反差为何如此之大？不可否认，求职者自身条件不同是造成这种差异的一个原因，但还有很重要的一点就是，与求职者的应聘常识和应聘技巧有关，以至于不懂怎样选择合适的招聘会，而且没能在招聘现场很好地表现自己。

人才招聘会是目前人才交流最普遍的一种途径，据毕业生求职调查，在最有效的求职方式中，招聘会排列第二位。毕业生就业过程中，参加招聘会的目的是：推销自己，赢得面试。因此，要想提高应聘的成功率，大学生参加招聘会求职前要注意以下几个问题：

1．入场前要做足准备

参加招聘会前要详细检查自己的简历及相关求职材料是否有错漏，然后复印足够的份数，并熟练表达自己的简历内容及求职意向。参会当天要尽量早起，穿着打扮得体干练，以饱满的精神面貌及早进场。

2．浏览整体，做好主次安排

进场后先把整个会场浏览一遍，对到场单位的情况做个初步了解，然后根据自己的求职意向，确定几个重点单位，安排好主次，将自己的状态调整到最佳再去交谈。

3．倾听其他求职者与招聘人员的对话

在锁定目标展位前，作为旁观者，不妨听听与你应聘同一家单位的其他求职者与招聘人员的对话，可以由此收获很多你想了解的情况，做到心中有数。

4．有效交流，适当表现自己

面对招聘人员时，先礼貌地递上自己的简历，等对方浏览完毕，再用简练的语言自我介绍，重点突出自己的专业特长；之后，让对方提问，做简要回答。

同时也别忘了对招聘人员进行有效提问，主动了解企业和岗位的性质，作为应聘的资料，和其他的应聘资料一起进行评估。理想的交谈时间是3分钟。

5．做好应聘记录

对自己投递求职简历的公司名称、应聘岗位、地址、联系方式、联系人，对于怎么得到面试通知（时间、地点）等要做好相关记录，避免事后遗忘。

6．主动联系，争取机会

如果有单位对你比较感兴趣，但不能当场签约，还要继续面试或考核的，你要在会后两三天内主动与该单位联系。及时电话联系，一方面表示你对公司的尊重，另一方面表达出你迫切想加入公司的愿望，给用人单位又一次深刻认识你的机会。

（六）求助人际关系

比尔·盖茨说过："一个人花100%的力量不如靠100个人每人花1%的力量。"所谓利用关系网，就是通过熟人，联系有关人员，以获得职位空缺的信息，或给你介绍知道职位空缺信息的有关人员。其最终目的就是要找到那位对该空缺职位有决定权的人。利用个人的人事关系资源网来寻求工作，这是很重要而且有效的一种求职途径。据有关研究统计，63%~75%的工作是通过关系网途径获得的。这是因为有很多空缺的职位是源于刚刚有人退休或死亡，刚刚辞退不合格的员工，或是还在扩编计划中。这些空缺信息并没有在报纸上刊登广告，甚至也没有上报给人事部门。

关系网是求职中获得信息的一个重要渠道。通过朋友、熟人等社会关系求职是找工作的最佳途径之一，而且成功率相当高。告诉你的朋友们你需要什么样的工作，他们会为你关注本公司的职位空缺，或者会推荐其他公司的机会给你。通常，一封由熟人推荐的简历会比那些众多的陌生简历更容易得到重视。关系网求职通常有很高的成功率，理由如下：员工推荐是公司招聘人才的重要手段；通过关系网可以得到很多别人不知道的需求信息；利用关系网可以避免自己的简历被无缘无故地淘汰。

通过关系网求职的步骤如下：

（1）社会关系网可以让你获得多方面的帮助，如了解职位空缺的信息、获知将来的职位空缺、引见招聘者、引见业内人士、了解关于公司和面试者的情况等。

（2）应该先列出社会关系网中能够直接或者间接帮助你求职的人的名单。将名单分成三类：

- 核心名单——家庭成员和朋友，他们是"朝见口、晚见面"的人。
- 次要名单——同事和熟人。你认识他们，但是不常见面。
- 外围名单——你不认识但是可能会有所帮助的人。这类人包括目标行业的业内人士、报纸上报道过的新闻人物、核心联系人和次要联系人所推荐的人。

小资料

识别求职陷阱

1. 虚假招聘类型

将岗位头衔“美容”的招聘。卖保险的喊成“财务规划师”或“理财顾问”，销售英语软件的美其名曰“语言教育顾问”，最有杀伤力的也是最隐蔽欺骗的是“储备干部”的头衔，吸引了无数应届大学生竞折腰。之所以这样做，主要是因为岗位工作内容或岗位薪酬缺乏吸引力，用“美名”可以诱骗到一些单纯的廉价劳动力。

除了“董事长”和“总经理”，一个公司内的其他岗位都“奉献”出来的这种招聘其实是为了壮大声势，本来只有几个岗位空缺，但为了显示自己“财大腰粗”，就把所能想到的岗位给添了上去。

岗位薪酬不说月薪说年薪，或者月薪模模糊糊一个大范围，“月/年薪”前边还加有“……者”定语的招聘。“优秀者”和“努力者”是常用的前缀定语，岗位多数是销售岗位，如证券公司或黄页公司采用电话营销的销售岗位。应聘前自己要掂量好，这可是一个大浪淘沙的岗位，据了解，迫于找不到工作而选择这种工作的人，99%会在3个月内因为业绩不好，拿不到糊口钱而自动离职。

只要是个人，投了简历就给面试通知单的招聘。天下没有免费的午餐！你如约去了面试，那你就后悔吧！原因有以下两种可能：①公司或岗位相关情况实在是糟糕；②很不负责任地把大家聚到一起，从一大堆里挑出一个或两个留用，显示一下企业用人是“百里挑一”。

2. 黑中介的骗局

这里所指的黑中介并非只是指没有经过正式注册，完全是以骗取求职者钱财为目的的黑中介机构，为了赚取黑心钱，部分拥有合法手续的职业中介机构同样也会设置各种名目欺诈求职者。黑中介行骗的惯用骗术有以下四种：

一是以“直聘”来诱使求职者上套。在报纸、网站上，一些招聘广告明确打出“非中介”“拒绝中介”等字眼，但求职者过去应聘，仍要缴纳中介费、培训费、资料费、上岗费等，然后迟迟不能上岗。

二是用动人的条件骗取求职者信任。黑中介往往保证求职者很快能找到工作，“立刻上岗”“高薪急聘”等，不少黑中介还拿出“道具”，如××公司“急聘”的职位表、中介服务承诺书等。其目的就是骗取求职者钱财。

三是与“用人单位”暗中勾结，联合行骗。一些黑中介甚至找用人单位做“搭档”，提供虚假的招聘信息给求职者，然后合伙行骗。求职者苦不堪言，两边受骗。

四是与“医疗机构”勾结，联合行骗。有些黑中介打着需要办理“健康证明”为由，要求求职者去指定医院办理健康证明，这样求职者又要被骗一笔钱，有时为了将骗局做得完美，“中介+用人单位+医院”三方组成了欺骗一条龙。

3. 黑心企业的骗局

黑心企业多数是没有注册、经常更换名称或地址的非法企业，企业的生产及业务完全是幌子，全部业务就是欺骗求职者的钱，黑心企业的常用骗术有以下两种：

一是收取各类押金、上岗费、服装费、培训费。企业在收取了前来工作的求职者的钱之后，就会在短期内找借口辞退求职者，或者采取一些手段（高强度的工作、苛刻的管理制度）逼使求职者主动提出辞职，从而达到了骗钱的目的。

二是收取报名费、资料费、工本费。这一类的黑心企业根本就不会录用招聘者，在骗取了相关费用后，就让求职者回去等待永远也不会有的上班通知。

4. 个别正规企业的骗术

这一类企业虽然有着合法的身份，但是却采用种种手段欺骗求职者，常见的骗术有以下几种：

一是招聘岗位名不副实。明明是招聘经理助理，实际工作却是市场销售。

二是试用期骗术。进入这样的企业工作，要不就是永远处于试用期，求职者成为企业的低价劳工，企业最后会以求职者试用不合格为由予以辞退。部分设计类的企业最喜欢采用这种方式，既完成了项目，又不需要付出较高的人工成本。

三是先买产品才能上岗。个别公司要求求职者先买下公司的产品才能上岗，这些产品看似利润很高，但是却很难销售出去，使求职者利益受损。

四是在招聘广告中虚报待遇。部分企业在招聘销售人员时，只突出说明每个月可以拿到的高额工资，没有说明求职者必须要完成的很难完成的业绩额度。

5. 不骗求职者钱物的骗术

在求职者的求职中，也会遇到不以骗取求职者钱财为目的的企业，主要有以下几种表现方式：

一是企业发布虚假信息骗取求职者从事非法活动。一些贸易、投资方面的骗子公司招聘人员从事一些欺骗客户的业务；个别公司以招聘公关人员、服务人员的名义招聘人员从事色情活动；一些传销组织也是以正常招聘的名义骗取求职者进入传销体系。

二是招而不聘。此类企业招聘的目的只是获取求职者的有用资料（策划创意、项目方案等），或者借招聘的名义做企业的形象广告，还有一种情况是参加招聘会的企业只是为主办方凑数而已。

6. 网上招聘的骗局

要求求职者缴纳相应费用才提供面试机会。通过网络，行骗者更易于隐蔽自己，安心行骗。

在大型人才招聘网发布虚假的招聘广告宣传企业。目前中国的招聘网站都采用会员制的形式，部分会员企业充分利用网络，通过不断更新招聘信息来宣传企业，而不是真正想要招聘人员，求职者发简历给这样的企业无疑是浪费时间。

网络传销骗局。有些网上的招聘信息实质是以加入对方的网络传销组织为由骗取会员费。

其他一些针对求职者的骗局。传销骗局的行骗者往往是求职者的同学或朋友，为了发展下线，往往采用高薪的方式吸引求职者前来。

7. 其他形式的骗局

招聘男女公关的骗局。到处张贴广告高薪招聘酒店男女公关，只有联系的手机、市话通，没有固定电话，没有固定的联系地址，面试见不到人，就要往指定银行账号里汇入服装费、介绍费等。

出国劳务的中介骗局。非法劳务机构借介绍出国劳务的名义进行欺骗，求职者在交了大笔的费用之后，或者根本出不了国，或者出国之后无工作可做，或者是在不知情的情况下被偷渡到国外。

在路上直接与求职者搭讪以帮助找工作为名骗钱。行骗者经过察言观色充分利用求职者急于找一份工作的心理，许以押运员或者保安等要求极低、待遇较高的工作，骗取介绍费后不见踪影。

行骗者假借接求职者去面试，在半路上通过借手机、借钱等方式行骗。行骗者通过发布虚假信息，骗取求职者前去面试，或者装作是应聘企业的接待人员，在接待求职者的过程中伺机行骗。

思考与讨论：

1. 毕业生求职的途径有哪些？
2. 求职时，如何辨别就业信息的真伪？如何整理就业信息？

第六章 求职材料准备

学习目标：

1. 了解就业推荐表的样式与内容。
2. 掌握简历制作的要点。
3. 掌握求职信的主要内容与写法。

高校毕业生参加各种类型的毕业生供需见面会、人才交流洽谈会、招聘会，或经教师推荐、亲朋好友介绍联系用人单位，几乎都需要提交一份求职材料。多数用人单位也都是通过求职材料对众多求职者有一个大致的了解后，再确定面试或面谈人选。可以说求职材料是招聘单位了解求职者的第一条途径，它对求职者能否通过第一关进入面试起着十分关键的作用。一份好的求职材料，可以给招聘人员留下深刻的印象，它是求职者应聘成功的敲门砖。为此，高校毕业生在求职择业的过程中，获取就业信息后精心准备一份能够全面反映自己学识水平、组织能力、领导能力和综合素质的求职材料就显得尤为重要。

高校毕业生求职材料一般包括《普通高等学校毕业生就业推荐表》（以下简称《就业推荐表》）、简历、求职信等。

第一节 就业推荐表

《就业推荐表》一般由各地方高校毕业生就业主管部门印制，面向国家统一计划招收的应届毕业生发放，每人只有一份，是应届毕业生求职应聘的重要材料之一。

《就业推荐表》作为高校推荐应届毕业生就业的重要材料，是由学校和院（系）审核并签章，对用人单位具有一定的权威性书面材料。因此，毕业生应慎重填写《就业推荐表》，既要本着实事求是的态度认真填写，又要字迹工整、内容条理清晰。《就业推荐表》包含的主要内容有：基本情况，自我鉴定，在校期间任职、实践和受奖情况，爱好，计算机水平，外语等级或特长能力，适合从事何种性质或类型的工作，专业成绩及排名情况，思想品德、业务能力及院（系）和学校推荐意见等。其中，成绩单由学校学籍管理部门提供，并加盖学籍管理部门公章方有效。

如，广东省高校毕业生《就业推荐表》式样：

广东省普通高等学校

毕业生就业推荐表

学校名称：________________

学校隶属：________________

专业名称：________________

学　　历：________________

姓　　名：________________

广东省高等学校毕业生就业指导中心制

<table>
<tr><td>姓　　名</td><td></td><td>性　　别</td><td></td><td rowspan="5">贴照
片处</td></tr>
<tr><td>出生年月</td><td></td><td>民　　族</td><td></td></tr>
<tr><td>政治面貌</td><td></td><td>健康状况</td><td></td></tr>
<tr><td>学　　历</td><td></td><td>生源地区</td><td></td></tr>
<tr><td>入学时间</td><td></td><td>修业年限</td><td></td></tr>
<tr><td>通讯地址</td><td colspan="4"></td></tr>
<tr><td>联系电话</td><td></td><td>邮政编码</td><td colspan="2"></td></tr>
<tr><td>在校期间
参加社会
工作情况</td><td colspan="4"></td></tr>
<tr><td>在校期间
奖惩情况</td><td colspan="4"></td></tr>
<tr><td>有何
特长</td><td></td><td>外语
水平</td><td colspan="2"></td></tr>
</table>

<table>
<tr><td rowspan="5">个人简历</td><td colspan="2">自何时起到何时止</td><td colspan="2">在何处学习（工作）</td><td colspan="2">担任何职务</td></tr>
<tr><td colspan="2"></td><td colspan="2"></td><td colspan="2"></td></tr>
<tr><td colspan="2"></td><td colspan="2"></td><td colspan="2"></td></tr>
<tr><td colspan="2"></td><td colspan="2"></td><td colspan="2"></td></tr>
<tr><td colspan="2"></td><td colspan="2"></td><td colspan="2"></td></tr>
<tr><td colspan="7">自我鉴定：
本人签名：
年 月 日</td></tr>
<tr><td colspan="2">本人求职意愿</td><td colspan="5"></td></tr>
<tr><td colspan="2">院系推荐意见</td><td colspan="5">签 章
年 月 日</td></tr>
<tr><td rowspan="3">学校意见</td><td>联系地址</td><td colspan="5"></td></tr>
<tr><td>联系人</td><td></td><td>联系电话</td><td></td><td>邮政编码</td><td></td></tr>
<tr><td colspan="6">（公章）
年 月 日</td></tr>
</table>

附：成绩表（略）

一、《就业推荐表》的填写

《就业推荐表》主要是供毕业生向用人单位自我推荐时使用，因此，应用签字笔如实填写，字迹要端正清楚，文句通顺，页面整洁，切忌涂抹；推荐表中所列各项内容应详细准确地填写，并恰如其分地介绍自己在校的表现和能力水平，既不夸张也不谦卑；针对在校期间奖惩情况如实填写，如受过处分应主动说明原因，着重讲认识态度和改正决心，切不可隐瞒，否则用人单位通过档案了解到，会认为你不诚实；所附成绩单最好准备在校期间历年的学习成绩及组织评语，最后是否能获得学历、学位要准确把握，如实告诉用人单位，否则可能出现录用后发现不能转接人事关系等被辞退的情况。

二、《就业推荐表》的使用

《就业推荐表》是毕业生和用人单位双方达成意向后，毕业生递交给用人单位的一份正式书面材料。大多数用人单位把《就业推荐表》作为接收毕业生的主要依据，在录用毕业生时要求毕业生提交《就业推荐表》原件。因此，毕业生应慎重保管《就业推荐表》原件，毕业生在求职应聘时可以使用《就业推荐表》复印件。

用人单位通过与毕业生面谈，确定接收该毕业生后，还要与毕业生和高校签订《普通高校本专科毕业生或毕业研究生就业协议书》（以下简称《就业协议书》），办理有关手续。学校根据“就业协议书”制定就业方案，办理毕业生派遣手续。所以，毕业生在用人单位确定有意向面试或面谈后，应及时与用人单位沟通，遵守用人单位约定，在达成一致意见后，办理签约录用手续，并在规定时间内将有关材料交学校审核。

第二节　简　　历

一、简历的基本内容

所谓简历就是一个人的教育与工作经历概要。简历常用于求职。毕业生简历是指毕业生概括介绍自己基本情况，并对自己的教育程度、经历、技能、成就等做一个简单的总结。一般来说，毕业生求职简历的基本内容包括基本信息，求职意向，教育背景，实践活动和社会工作经历，计算机、外语等技能水平，兴趣爱好，获奖情况，自我评价等。

（一）基本信息

包括姓名、性别、出生年月、籍贯、民族、政治面貌、联系电话及电子邮箱等。

（二）求职意向

表明所应聘职业的地域、行业、岗位等方面的意向。

（三）教育背景

说明你的学历、专业及学校，主要指大学的教育经历，包括本科和研究生阶段。一定要依次写清楚所读的学校、院（系）、专业（方向）、学习和工作年限。顺序可以由高到低，即高学位、高学历先写，目的在于突出你的最高学历。

（四）实践活动和社会工作经历

这是简历的核心部分。用人单位非常看重毕业生在校所承担的社会实践工作、组织或参加活动的情况。这部分应重点列出与求职目标相关的技能或经验，内容要具体，通过事例显现出你的志向、解决问题能力、组织能力、沟通能力、团队协作精神和吃苦耐劳精神等。

（五）计算机、外语等技能

毕业生除了达到学校相关教学要求外，取得的职业相关资质或具有某方面特殊技能，也要重点介绍。如今外语作为一种工具，计算机水平作为一种技能，用人单位均比较重视，另外，毕业生的普通话水平、意向工作区域方言、驾驶技术，也受到一些单位的关注。

（六）兴趣爱好

兴趣爱好要简明扼要介绍，重点列出与应聘职位相关的爱好。任何能证明领导能力的爱好都应提及，但不要列出沉闷平庸、消极孤僻的爱好。展现广泛的兴趣爱好、略为不同寻常的爱好，可以助你脱颖而出。

（七）获奖情况

主要是列出在校期间获得的奖学金、“三好学生”、优秀干部、竞赛奖项等获奖情况。

（八）自我评价

总结自己的良好个性品质。例如，积极主动的工作态度、责任心、学习能力、沟通能力、解决问题的能力、适应能力，以及敬业精神、创新精神、团队合作精神等。

（九）业绩与研究成果

毕业生在校的学业成绩是反映毕业生大学四年学习成绩的证明，应以原始成绩单加盖院系和学校学籍管理部门公章确认。本科毕业生的研究成果相对要少一些，所以本科生一般要把主修课程、发表过的论文、取得的专业资格证书及其他技能证书列出来，以说明自己的知识结构和成绩。当然，如果毕业生辅修课程与自己应聘的职位密切相关，也可列在主修课程之后。研究生主要侧重展现科研成果和科研能力。

二、HR 关注的重点信息

在建立筛选过程中，HR 不会一丝不苟地阅读简历，与其说是看不如说是从上到下快速“扫描”，扫描那些与岗位属性高度相关的信息。下面举几个例子。

学校、学历：如果招聘岗位对学校和学历有明确要求，或者你本身就是名校的毕业生，那么就应该把相关信息放在黄金窗口位置。金融和医药行业有很多公司对求职者的学校和学历都划出了严格的标准。或者有些大型医疗、科研单位、独角兽公司或上市公司，需要披露硕士和本科以上学历人数占比等。在校学生找实习，应届毕业生求职时，如果学校背景好，专业与岗位对口，最好把教育背景放在最前面；如果已经有了几年工作经验，教育背景相对次要。

工作经验、实习经验：如果招聘岗位对经验要求比较高，就应该把相关的工作经验，实习经验放在最前面。对于社会招聘，招聘部门往往更看重求职者以往的工作经验，包括曾任职公司、岗位及所取得的成绩。一般而言，这部分内容应按时间顺序倒叙排列，因为越靠后的工作不管是职位、经验还是取得成就，通常都会比前一份要好些。但是不少求职者会在不止一个岗位工作过，公司类型也不一定相同，这时也需要将经历进行微调，将于应聘岗位最相关的一段工作经历放在最上面。

技能、刚性资格证书：如果招聘岗位对求职者的软件技能、硬件技能有硬性要求，就把这部分内容放到最前面。例如，临床医生招聘需要获得医师执业资格证，法学专业需要获得司法考试资格证书，程序员需要有相关技术证书等。这都要求求职者在简历顶端对自己的技能进行高度概括。

三、简历的类型

（一）时间型简历

它强调的是求职者的工作经历，工作中取得过的成绩。时间型简历以渐进的顺序罗列出你曾工作过的职位、该职位所需要的技能，以及你的职责、取得的成绩。写法上可以从最近的职位开始倒序写。但是，大多数应届毕业生都没有参加过工作，所以，这种类型的简历一般不适合应届毕业生使用。

（二）资源型简历

它强调的是求职者工作经历中积累的经验与技能，以及取得的成就。如果你经历丰富，积累有一定的人脉资源，或拥有多方面技能，但又不能从多种选择中清楚地确定求职目标，那么你可以使用资源型简历。资源型简历可以向不同的行业或单位展示你的才能，能够为他们带来什么利益和价值。

（三）功能型简历

它强调的是求职者拥有的技能、能力、资质和特长，不注重工作经历。功能型简历关注的焦点完全在于你所做的事情，而不在于这些事情是什么时候和什么地方做的。对于应届毕业生来说，多数没有什么工作经历，因此选择这种类型的简历比较合适。

（四）专业型简历

它强调的是求职者的专业与技术能力。专业型简历对于申请那些专业水平和技术能力要求比较高的职位最为合适，如医生就是使用专业型简历的典型职业，你只要罗列出你的资信情况，如就读的院校、医院实习情况、专业资格以及发表的论著等。当然这种简历也比较适合于专业性较强的应届毕业生。

（五）目标型简历

它强调的是行业、职业岗位的技能、能力和资质要求。如果你熟悉就职的行业或环境的情况，了解并满足目标行业和职位的要求，那么，你可以使用目标型简历。

（六）创意型简历

这种类型的简历强调的是与众不同的个性和标新立异，目的是表现求职者的创造力和想象力。它比较适合于医学动漫、广告策划、营销、美术设计等专业毕业生。当然，如果你想与众不同，充分表现自我，或使简历更加充满活力，那么可以考虑选择使用创意型简历。

（七）综合型简历

顾名思义，它是将上述不同类型简历组合起来使用的一种简历类型。例如你在经验、教育或成就等方面有什么不足，你可以考虑使用综合型简历，综合介绍你拥有的技能、能力、资质和特长（功能型、专业型），接着再列出你的实习、工作经历（时序型、资源型）。

四、简历撰写技巧

撰写求职简历的目的是为了让用人单位清晰地了解自己，引起用人单位对你的注意和兴趣，从而为自己赢得面试的机会。对用人单位来说，每天可能会收到上百份求职简历，由于精力有限，招聘人员一般不会花超过 30 秒钟的时间来浏览你的简历，更多的简历在招聘人员手中停留不到 10 秒钟。为此，毕业生在撰写简历时要有一定的技巧和方法。

（一）版面设计规范工整

简历编辑格式一定要规范工整，即该对齐的地方要对齐，该空行的地方要空行，该缩进的地方要缩进。一般看简历者最注意的部分是页面的中上部，所以要利用版面编辑技巧来突出要点，放在显要位置，以吸引招聘人员阅读。避免使用大块的段落文字，避免将行距、段间距、字体压缩得太密、太小等。

另外，简历一般还要附上近照，一张亲切、微笑、自信的标准证件照，会比洋洋洒洒的很多文字给别人的印象深刻得多。但注意切忌用艺术照，让人看不出其真实面目。

（二）重点内容突出醒目

一份简历，将自己的事迹成就用不同的字体、符号适当、少量地标注出来是十分必要的，可以突出重点，吸引眼球。但是切忌不能用得太多，充斥着太多黑体、加粗、阴影、斜体、五颜六色，会显得凌乱不堪，让招聘人员烦躁而不愿往下看。其实，那些审阅简历的人都是老手，看过无数份的简历，对于一份正常格式的简历，他们很容易就会看到重点，不需要再用过多的字体、特殊符号来加注。一定要记住，用少量的黑体、斜体或下划线标注两三个重点，突出你的技能和成绩，集中对能力进行细节描写，运用数字、百分比或时间等量化手段加以强化，因为少，才会更加醒目。

（三）措辞表述切合实际

简历中的任何字句，都有可能成为面试中的话题。撰写简历时要使用简单、清晰易懂的语言，尽量不使用缩略语或学生中流行的时髦词汇，切记要实事求是，要用词准确、精练，只写有把握的，没有把握的不要写，千万不要夸张，更不能捏造事实。用人单位对于求职应聘者的最基本要求就是诚实。遮遮掩掩或夸大其词，终究会露出破绽，何况还要通过面试的考验。与其费尽心机，适得其反，不如老老实实，真实而全面地反映自己的情况。

在简历中隐藏短暂的空闲期是可以的。例如，你是在 3 月份从一家医院辞职，6 月份又找到一家新的医院，那么你可以说你在 3 月底合同到期或试用期结束。但是，对于长期的空闲则必须做出诚实的解释。如果新单位通过你的原单位了解发现你掩盖了近 1 年的空闲期或失业期，那对你就很不利了。

五、简历撰写注意事项

（一）简历篇幅不宜过长，不要出现大段文字

一般一页 A4 纸就足够了。不要把那些跟应聘职位和工作无关的兴趣爱好都写进去，比如旅游、看小说、唱歌、钢琴九级等，这些兴趣爱好通常不会给你加分。不要把在学校的各科成绩单都附上，不要把与应聘职位无关的实践活动都罗列出来，尽量压缩篇幅，突出重点。当然，如果你已经在三四个单位实习过或实践过，在每个单位的经历都很有特色，那么，就完全没有必要受一页纸的限制，完全可以将自己做过的事情、已经积累了的相关经验充分展示出来。经历过职场磨炼的人，精明干练，工作上手快，要比那些刚出校门、没有什么实践经历的大学生受欢迎。如果没有参加过社

会实践，你可以强调自己的教育背景，包括学过的特别课程，以及所参加的一切与新工作有关的活动；还可以强调自己的工作适应性，来弥补经验的短缺。

（二）应聘职位要清晰，在简历最醒目的位置标出

许多单位招人都是同时好几个职位一起招，而每一个应聘者都只是应聘其中的一个职位。有些求职毕业生不写出应聘职位，可能以为自己对所有职位都有机会，实际上却任何一个职位可能都没有机会。因为一般看简历者是没有什么耐心根据你的情况帮你确定你适合哪个位置的。

（三）突出业绩成果的价值，间接提升自己的价值

很多毕业生对自己获得的奖励、实习过的公司、参加过的项目等只做简单介绍，如获得某年度奖学金、“三好学生”，这种写法体现不出这个奖励的价值。如果在写完获得奖励后加一句，只有不到百分之几的学生获得此奖励，这样有一个对比，就更能突出获得此奖励的分量。

（四）根据不同单位、不同职业特点，有针对性地突出自己特长

多数毕业生在准备简历时几乎都是千篇一律的，一次复印几十份、上百份，投向不同的招聘单位和不同的职位，都是一样的简历。这种含糊笼统、毫无针对性的简历很难收到效果。如果你应聘不同单位、不同职位，最好根据不同招聘单位的特点和招聘要求制作有针对性的简历，突出相应的重点，这样才能吸引用人单位的注意。

（五）体现出个性特色，找到自己与众不同的、非常醒目抢眼的特色

不管是格式版面上的创新还是内容上的创新，目的都是让人眼前一亮。比如可以在简历中加一栏“亮点展示”，用一些与众不同的经历反映出你的特点，引起招聘人员的注意。但是千万别弄巧成拙，如弄一个长发飘飘的艺术照加上一些朦胧诗一样的自我介绍是让人印象深刻，但只是让别人往其他方面“浮想联翩”，对于你取得这份工作没有什么实质性的帮助。

另外，针对求职外企单位的毕业生，在简历方面还要特别注意不同国家的一些禁忌和习惯。如美国、英国、澳大利亚等国家，人们喜欢干脆利落、开门见山、言之有物，因此求职者应在履历开头就明确写出求职目标，内容上应写上一些精确的信息、具体的时间以及体现你特定方面能力的具体数字等。

六、简历示例分析

示例一：

个人简历

姓名：×××	性别：女	出生年月：1989 年 3 月
籍贯：广东省河源市	民族：汉族	学历：本科
专业：医学英语	联系电话：13632103×××	E-mail：××××@126.com
联系方式：南方医科大学××号信箱		邮编：510515

求职意向：致力于司法事业（为什么），从基础做起，不断进步，利用自己所学尽绵薄之力

教育背景

专业教育：2007.09—2011.06 南方医科大学医学英语专业本科（所学专业与求职意向相关度很低）

自考教育：自修法学专业课程（建议列出主要专业课程，以弥补专业不对口的劣势）

英语水平

基本技能：听、说能力良好，读、写能力优秀

标准测试：英语专业八级，成绩良好，国际 BEC 中级良好

法语：精通。现就读于法国商学院，能用法语听讲所有的课程，写报告

意大利语：较好掌握。到意大利进行过愉快的旅行，听懂意大利电视与广播节目，能写简单的信函

（很好，列出具体事例说明，简明扼要）

续上表

计算机水平 基本技能：熟练运用计算机和办公自动化软件（Word、Excel、PowerPoint）（通过简历排版反映办公软件的使用水平）
实践与实习 2010 年 11 月　亚运会志愿者，获得工作人员及大众的好评（比较虚） 2010 年 4 月　参加白云区街道幼儿英语教育培训活动 2009 年 7 月　参加广西基层乡村小学支教活动 2008—2009 年度　校学生会副主席 （太过简单，做了什么？收获了什么？与求职意向无关的经历可以删除，要么放后）
获奖情况 省舞蹈比赛二等奖、优秀团干、优秀学生、百佳学生会之星、优秀护旗队骨干、优秀志愿者、社会实践活动优秀论文奖（与求职意向有什么联系，无关的写上去意义不大。如果用数据或百分比指标来量化你的业绩和技能将会更好，如多少数量、多少次、占多少百分比等）
自我评价 我是一个活泼开朗的女孩，比较具有亲和力，擅长用幽默感染身边的每一个人。工作学习态度认真，积极参加各种社会实践活动，从中提高了自己的组织能力、协调能力和相互合作能力。多年的学生干部经历，使思维敏捷，工作方面有独特的领导方式，做事也有自己的主见。2011 年 9 月，担任中国移动手机校园销售组长，负责联系摊位所需各种器材及工具，并与学校保卫处沟通在学生区摆摊。同时协调各个销售员之间关系，使每个人的能力都能得到最大限度的发挥。我的处事原则是不做则已，做则做好，做则问心无愧！我会全心投入到每一份工作上，用实际行动向您证明，您的选择是正确的！（不确定，很难让人相信。可以通过具体事例说明。少用长句、大段描述，多用数字、业绩说话）

示例二：

个 人 简 历

姓名：×××　　性别：男　　出生年月：1989年5月
籍贯：河南省　　民族：汉族　　学历：本科
专业：生物医学工程　联系电话：13708356×××　E-mail：

自我评估

专业知识扎实（罗列出专业课程成绩排名更有说服力），是一个不可多得的专精多能型人才。（拿什么来证明？没有实际业绩证明只能说是夸夸其谈）

教育经历

2007. 09—2011. 06 南方医科大学生物医学工程专业学习

生物医学工程专业是一门理工医相结合的交叉学科，是应用工程技术的理论和方法，研究解决医学防病治病，保障人民健康的一门新兴的边缘科学。（招聘人员对单位需要招聘什么样的人都不知道吗？）所修课程包括：数字信号处理、计算机网络基础、电子电路分析、医学图像学、仿真学、机械制图、医学仪器原理等。（与求职意向有什么关系，无关的少写，甚至可以不写）

获奖情况

2009—2010年度　学校二等奖学金

2008—2009年度　单科奖学金，图书馆书评比赛优秀奖

2008—2009年度　获国家励志奖学金（能够较好反映学习成绩）

实践与实习

2010年4月　广东医疗设备分布情况调查（分析结果、结论、有什么价值？）

2009年　学校推销电话消费卡，3天内成功卖出48张（用数字说话，较好）

2007—2008年度　学院院报编辑（业绩？）

（具体做了什么？取得了什么成绩？得到什么经验与教训？）

续上表

语言能力 英语等级：流利。（过于简单，可以列出英语四级或六级成绩，以及听、说、读、写单项成绩，也可以列举具体事例说明自己的能力，如在美国一所中学学习一年，阅读了大学90%的英语课本，在中国进行多次英语演讲）
计算机水平 熟练使用Word、Excel、PowerPoint、Windows XP，了解3DMAX、AutoCAD、Photoshop
就业意向 公司销售助理（重要信息放上部醒目位置）

示例三：

个 人 简 历

求职意向：人力资源类岗位（放在显要位置，好）

姓名：×××	性别：男	出生年月：1990年6月
籍贯：江西省	民族：汉族	学历：本科
专业：临床医学	联系电话：13685341×××	E-mail：××××@126.com
主修课程 内科学、外科学、妇产科学、儿科学、神经病学、精神病学、眼科学、口腔科学、耳鼻咽喉－头颈外科学、医学寄生虫学、诊断学、病理学、病理生理学、生理学、生理化学、药理学、组织胚胎学、免疫学、医学统计学、医学心理学、医学伦理学、流行病学、放射学、毒理学基础、医学微生物学等。 （主要列出与专业相关的课程就行了）		
自我评估 做事细心有条理，责任心强，吃苦耐劳，有团队精神，勇于承受压力，接受挑战。自信、乐观，勇于承担责任。希望在以后的工作中得到更多的锻炼，取得更大的进步。 （大学生普遍都具备的素质，没有突出个性化。简历上半部分应该放自己的强项，这部分一般招聘官不会关注，最好移到后面）能力与特长		

续上表

临床实习经历 熟悉临床上各种常见病，多发病的检查，诊断和治疗方法；熟练掌握临床各项常见操作，如：心肺复苏术、胸腔穿刺、腹腔穿刺、胸水抽取、引流、腹水、鼻饲管、导尿术、外科洗手穿衣、消毒术、清创缝合、换药、加压包扎、缝合、拆线、针灸、拔罐、封闭等，熟练掌握常规心电图、18 导联心电图。可读懂常见心脏疾病的心电图。熟悉了各类医疗文书的书写格式和医院的工作制度，培养了自己严谨的临床思维和扎实的工作作风。
基本技能与证书 能够熟练运用 Office 等办公软件。 英语六级，有较强的听、说、读、写能力（到国外进行多次愉快的旅行，能听懂英语电视与广播节目，能写简单的信函；进行过多次英语演讲，能阅读 90% 的大学专业课程英语材料等） （过于一般，没有展现出什么突出的能力和特长。最好用证书、成绩、数字说话，少主观描述）
获奖情况 2010 年度获学院有机化学单科奖学金 2011 年度获学校创业大赛二等奖 （如果用数据描述将更突出自身的优秀程度，如该奖学金整个学院总共只有 2 个人，或该奖学金的获得者都是各个学院排名前 3 名的优秀学生）
社会实践活动 多次担任学院药学各类活动的摄影记录工作；负责思德晚会的组织策划工作；负责学校创业实践社团的招聘和培训工作；2011 年至 2013 年任校绿色沙龙环保学会策划部部长，主持、策划并参与了多项活动。 （负责的较多，会给招聘人员不可信的感觉，用“参与”“协助”会更合适。具体负责什么，有多少人参加，培训内容是什么，组织或参与人力资源有关的活动写得详细越好）

示例四：

陈×××　求职意向：营销管理类

137561×××× E-mail：1375××××@139. com

020－616×××× 广东省广州市×××××× (510225)

姓名、求职意向、联系方式安排在小空间范围内，简洁。

1个创意故事	·一年前，一间公司"欠"我200元；一年后，我从这间公司拿回了2 800元。如果您有兴趣知道期间发生了什么，就给我一个机会让我当面告诉您吧！
2年营销经历	·2008年4月至2010年4月，担任广州最大电脑卖场惠迈电脑有限公司驻××大学校区经理，对校区内3 000个目标电脑市场进行分析、开发，制定销售策略和目标，并对业绩进行评估，从而相应地调整销售策略。
320名队员 400人次培训	·创办×××创业团队，招收280余名会员与40余名盟友，组织超过400人次校内培训。提高队员电脑软硬件知识，使队伍具备一定销售口才与理念，更有效地创造业绩。提高了策划、组织、协调能力和服务意识。
(职位相关的词语加粗，数据处凸显)	·为了巩固现有市场，扩大服务受众，培植品牌影响力，促成了惠迈电脑有限公司与×××大学的挂牌合作，确立校外计算机实践基地，使未来每年有近百名师生受益。
2次校级活动	·代表公司与学校电脑协会接洽，举办海珠区高校电脑装机大赛，参赛人数100余名；与外国语学院接洽，举办校级大型创业讲座，听众300余名。培养职业人意识，进行企校谈判，督促活动进展，保证了活动影响力。
3段工作经历	·大二升任学院学生会勤工部部长，对部门17名新生干事进行工作引导，提高了自身的团队谋划、沟通和协作能力。 ·大一竞选以一票优势胜任副班长，协助老师与班长，进行班级工作信息的传达，促进师生间的有效沟通。
4年教育背景 与获奖情况	·2007年9月至2011年6月就读于××大学×××专业，最高绩点3. 95/5。 ·个人荣誉 2010年 Intel 中国区渠道客户经理签名证书"Q3优秀英才生"、2010年学校职业规划大赛亚军、2009年"优秀青年志愿者"。
(收起与求职无	

关的兴趣、特长、荣誉，写出任何可以凸显您团队合作的词汇）	·团队荣誉 2011 年校园经营实战大赛半决赛团队冠军、2010 年创业团队荣获惠迈电脑有限公司颁发的“最佳网络营销奖”。

小贴士

让你的网上简历更“抢眼”

据统计，规模较大的企业一般每周会收到 500 份左右的电子简历，其中 80% 的简历在浏览者看不到 30 秒钟时就会被删除。想要吸引浏览者，关键在于是否拥有一份个性化的电子简历。

怎样让简历个性化呢？

一是放大“卖点”。简历中应包含下面几项关键的内容。

成绩：以你的骄人成绩打动将来雇主。突出你的技能和成绩，强调技能。集中对能力进行细节描写，运用数字、百分比或时间等量化手段加以强化。

能力：对各方面能力加以归纳和汇总，扬长避短，以你无可争议的工作能力和个人魅力征服未来的雇主。用词应简单明确，观点鲜明。

工作经历：应当包括你所有的工作经历，无论是有偿的还是无偿的，全职的还是兼职的。在保证真实性的前提下，尽量扩充与丰富你的工作经历，用词必须简练，强调成果。

技能：列出所有与求职有关的技能。

嘉奖：简历里的荣誉和嘉奖是对已有成绩的客观肯定，强调嘉奖是你资历的重要证明，突出这些嘉奖与你所求职务的相关性。

二是不用附件。虽然以附件形式发送的简历看起来效果更好，但是由于电脑病毒的威胁，使得越来越多的用人单位都要求求职者不要用附件形式发送简历。甚至有些单位把所有带附件的邮件全部删除。在这种情况下，即使你的简历再吸引人，排版再好，也不会有人看到。

三是美化“纯文本”。不少人事管理者抱怨收到的许多简历在形式上都很糟糕。用 E-mail 发出的简历在形式上应该简洁明了，重点突出，因为用人单位通常只想看到他们最感兴趣的部分。

求职信和简历都应该用文本来写，精心设计一下纯文本格式的简历，下面的小技巧可以参考：注意设定页边距，使文本的宽度在 16 厘米左右，这样简历在多数情况下看起来都不会换行；尽量用较大字号的字体；如果一定要使自己的简历看起来与众不同，可以用一些特殊符号等分隔简历内容；注意措辞和语言，千万不要有错别字。

第三节 求 职 信

求职信是暂无业或灵活就业者针对求职目标单位所写的信函，目的是让对方了解自己、相信自己、录用自己。求职信是采用自我推销的方式，向用人单位介绍自己适合担任某项工作或从事某种活动，以便对方接受自己的一种专用信件，它不同于简历。一般来说，简历是向用人单位呈现有关你的个人信息、受教育情况及实习实践经历，而求职信是向用人单位表明你能为其做些什么、贡献什么。

文笔流畅、格式正确的求职信能给招聘者留下良好的印象，获得面试的机会就会大大增加。

一、求职信的书写格式

求职信属于书信范畴，所以，其格式应当符合书信的基本要求，主要包括：称谓、正文、结尾、署名、日期和附件。

（一）称谓

称谓，即对受信人的称呼，要求在第一行顶格写上受信人的单位名称或个人姓名。求职信不同于一般的私人书信，受信人未曾见过面，所以称谓一定要正规。如果写给国家机关、事业单位的人事领导，可用“尊敬的×××领导（或负责人）”；如果对企业老板，可用“尊敬的×××董事长（或总经理）”等称号。称谓后面用冒号。

（二）正文

正文是求职信的核心部分。一封好的求职信在你未到之前，就能给用人单位留下一个很好的第一印象。正文一定要内容简明扼要，切忌模糊、笼统、面面俱到。正文要另起一行，首行空两格开始分段写求职信的内容，一般都要求说明求职信息来源、应聘职位、本人基本情况、成绩、表现及社会实践情况等内容，重点包括以下三个部分：

（1）说明求职的原因。首先简要介绍一下自己的基本情况，如姓名、性别、年龄、毕业学校和专业、学历、学位等。接着直截了当地说明写此信的目的及对所求职位的态度。这部分是正文的开端，要少而精，简明扼要。

（2）推销自己。对用人单位的要求和自己的资质做个对比，着重介绍所掌握的专业技能，具备的资质能力，突出自己的优势和胜任能力，用事实或数据证明你适合这个职位，并表明你愿意且有能力做好该工作。因是即将毕业或刚毕业的学生，可不用写工作经历，而着重写在校的表现及所取得的重要成果，目的在于突出自己学习好，能力强。这部分是求职的关键，写法上语言要中肯，谦虚诚恳、不卑不亢。

（3）希望和要求。简单阐述你对单位的认识，以拉近与用人单位的距离，争取亲和感，同时根据自身的实际能力和受教育情况向受信者提出自己的希望和要求，并留下电话号码和电子邮箱，以备用人单位能及时联系到你。阐述你对单位的认识的前提是你必须对该单位、行业有一定的了解，否则，一知半解地班门弄斧，会给人轻浮的感觉，写了还不如不写。这部分属于正文内容的收尾部分，要简洁明了，适可而止，不提苛求的要求。

（三）结尾

正文结束另起一行，空两格，写上简短的表示敬意、祝愿之类的祝词。如“此致”，然后换行顶格写：“敬礼!”“身体安康!”“万事顺意!”等敬语。“此致”可以有两种正确的位置来进行书写，一是紧接着正文之后，不另起段，不加标点；二是在正文之下另起一行空两格书写。“敬礼”写在“此致”的下一行，顶格书写，后面应加上“!”，以表示祝颂的诚意和强度。

（四）署名和日期

求职者在求职信正文的右下方应写上姓名和日期。姓名在上，日期在下。姓名前面不必加任何谦称的限定语，以免有阿谀之感。日期要年、月、日写全，可以是投信日期。

（五）附件

附件作为求职者素质能力的证明材料，是求职信中不可忽略的组成部分。附件可在信的结尾处注明，然后将附件单独装订，随求职信寄出。附件不需太多，但必须有分量，足以证明你的能力和才华。

二、求职信的撰写技巧

撰写求职信的目的是要引起对方的注意，让对方了解自己、录用自己。撰写求职信需要注重以下几个方面的技巧：

（1）广泛搜集用人单位资料，深入了解用人单位的岗位需求及用人素质能力要求。

（2）根据不同行业、不同单位以及不同受信者，撰写具有针对性的求职信，突出相应的重点，吸引用人单位的注意。

（3）求职目标明确、具体，段落分明、内容精简，条理清晰，措辞表述切合实际，语言表达要具备一定的逻辑性、条理性和明确性，是写求职信的最起码要求。

（4）语言中肯、谦虚诚恳、不卑不亢，表现出自信及积极的态度。

（5）重点表明自己所具备的素质和能力，具有什么价值，能为用人单位贡献什么。

(6) 附件材料少而精，选择最能证明自己胜任力的材料单独装订附后。

(7) 最后注意求职信中的语句语法，切勿拼写错误或出现错别字。

三、撰写求职信应注意的事项

目前高校毕业生在找工作过程中常常准备简历的同时也准备一份求职信，以便引起用人单位的注意。但是，如果求职信写法不当，有可能会适得其反。因此，写求职信时应注意以下几点：

(一) 如实介绍自己，不弄虚作假，不夸大其词

在求职信中应如实介绍自己的学历、资历、专长，尽量避免使用“一定能”“肯定行”“绝对可以”“很强”“最好”等词。一味地吹嘘、炫耀自己博学多才，甚至贬低别人，抬高自己，可能会适得其反，造成收信人的反感。

(二) 针对所应聘职位的要求，做到尽量主次分明地介绍自己

尽可能根据用人单位的要求介绍自己，可以列举一些事例简单说明你的专长，点到为止，不过分宣扬自己。但要注意，对于自己拥有而别人没有的更有利的条件可以特别说明，以增加被录用的机会，如会当地方言、有驾照等。

(三) 言简意赅，结构清晰，重点突出

求职信不仅要反映自己的写作水平，同时还要体现出自身精明练达的性格，以给对方留下好印象，所以应当直截了当，避免冗长累赘。可以围绕简历中的某一两点进行发挥，重点突出自己在学业、实习实践经历中的成绩、成就，证明自己具备扎实的专业知识、过硬的业务能力，足以胜任所应聘的工作岗位，以引起用人单位的关注。但是，求职信中应该避免用简称，因为简称将显得过于随便，也可能会产生误解，如“南大”，是指南京大学、南开大学，还是指南方医科大学、南方科技大学，很难明白，最好不用。

（四）字迹清楚，书写工整

求职信常常是手写的，在手写过程中应确保受信者看得懂、知其意。常说字如其人，如字迹潦草、词不达意，极可能导致收信者不明其意，从而将此信丢到一边，不予录用。求职者毕竟是有求于人，需给对方留下美好的第一印象。如果求职信是打印的，那么在落款签名时，最好用手写的，以表示对对方的尊重。

示例一：普外科临床型硕士医学生的自荐信

尊敬的医院领导：

您好！衷心感谢您在百忙之中浏览我的自荐信，为一位满腔热情的研究生开启一扇希望之门。

我叫×××，是×××大学医学院2012年临床型硕士应届毕业生，专业为普外科，怀着一颗赤诚的心和对事业的执着追求，我真诚地推荐自己，热切希望能加入贵单位，成为贵单位的一员，奉献自己的热血，踏上人生事业的征程。

选择了医学行业，就意味着从医的人生要不断地学习、提高。参加工作两年后我考取了×××大学医学院临床型研究生。在北京大学深圳医院临床实践期间，一年时间在其他科室轮转，半年时间在导师的指导下完成研究生课题，对于培养自己科学研发能力起着至关重要的作用。一年半时间分三阶段于普外科按住院医师培养，在导师及带教的悉心指导下，认真学习普外科理论知识，踏踏实实地从基本工作做起，重视临床基本能力及系统临床思维的培养，善于将临床实践与医学理论相结合，积累了较多的临床经验，掌握了普外常见病和多发病的诊断和治疗，积累了一定的经验。在上级医师的指导下可以独立完成阑尾切除术、疝修补术、消化道穿孔修补及甲状腺部分切除、单纯乳腺切除术等，领悟力强，适应快，具备较强的临床动手能力。

也许在众多应聘者中，我不一定是最优秀的，但我仍然自信，希望用行动来谋求您的信任。愿贵医院给我一次尝试工作的机会，如果有幸成为贵单位的一员，我将用我的智慧和汗水，尽心尽责，踏踏实实地工作，为社会、为贵医院做出我最大的努力，让贵医院满意，让患者满意。

再次感谢您对我的关注！渴盼回音！

（资料来源：医学教育网 http://www.med66.com.2013－03－05）

示例二：药剂专业医学生自荐信

尊敬的×××领导：

首先，感谢您在百忙中抽时间来阅读这封自荐信！

我叫×××，来自×××，是药剂专业2009届毕业生，毕业于×××学校。我希望能得到你们的赏识与栽培。为了发挥自己的才能，特向领导自荐自己。

在这里，我不能向您出示任何有权威人士的推荐书来为我谋得职业，也拿不出一摞摞的获奖证书来做我的筹码，但我会用我所学的知识作为我的奠基石。如果说我有什么优点的话，那就是我年轻，我有能力。虽然我没有过什么药营经验，但我坚信自己能做好每件事！

在校期间，我认真学习，努力做好本职工作。在班上身为一名副班长，更要有带头作用，纪律性严谨。在社团，我是一名理事，安排人员值周，把每项工作安排得井井有条！从中积累了大量的工作经验，具有良好的身体素质和心理素质。

几年来我努力学习专业知识，从各门课程的基础知识出发，熟悉技能操作规范。并熟悉了常用药物的理化性质、药理作用及剂型特点，掌握了药物的提取、合成、检识等实验技能。这为我今后奠定了良好基础，也取得良好成绩。除此，我还自学了电脑方面的一些知识，比如：电脑一般故障的排除和文字的处理与排除，制作图片、表格等。

作为一名当代学生，服务社会是我的职责，敬业是我的人生信条，年轻、可塑性强是我的资本。我将以饱满的热情，一丝不苟的态度迎接挑战。天道酬勤是我的信念，自强不息是我的追求。

我特在此冒昧自荐，如果能得到您的青睐，我一定会用不断学习、积极进取的精神，竭诚为您服务，做到鞠躬尽瘁。

最后祝愿您的事业蒸蒸日上！

此致

敬礼！

自荐人：×××

（资料来源：http://www.51job.com/ careerpost/jianlishuoming/article_class_02_153.html）

思考与讨论：

1. 蔡某，医学影像学专业应届毕业生，简历中自我评价描述到："本人做事细心有条理，责任心强，吃苦耐劳，有敬业精神，自信、乐观，勇于承受压力，接受挑战。工作学习态度认真，处事原则性强，多年担任学生干部，具有较强的组织协调能力。"网投简历应聘东莞市某医院，不久收到用人单位笔试通知。笔试那天，蔡某赶去考场虽然晚到了10分钟，但考得较好，排名前列。结果考得比他差的2名同学收到了录用通知，而他却没有被录用，请你分析用人单位拒绝录用他的理由是什么。

2. 简历主要有哪几种类型？主要包括的内容有哪些？

3. 针对你所求职的单位制作一份简历，明确求职意向。

4. 求职信包括哪几部分？求职信写作要注意哪些问题？

5. 根据求职信写作特点，针对你计划应聘某单位的岗位要求，撰写一份求职信。

第七章 笔试与面试

学习目的：

1. 了解笔试的类型与注意事项。
2. 掌握面试的技巧。
3. 掌握求职的礼仪。

第一节 笔 试

笔试是采用笔试测验的方法对应聘人员进行初次选拔的活动过程笔试亦称纸笔测试，或纸笔测试法。从广义上看，它是以书面形式测量、考核应试者的知识水平、分析力、判断力、想象力、记忆力以及文字表达、逻辑推理等项能力素质的一种重要工具，它的应用范围十分广泛。从狭义上看，笔试主要是指对应试者知识水平的测量和检验。它是由主考部门根据工作岗位的需要，事先拟定好笔试试题，让应试者以书面的形式作答，从对应试者的基础知识、专业知识、管理知识、技术知识、生产知识，以及其他专业知识水平的差异程度进行检测评判的一种测试工具。考虑到大多数笔试作为简历筛选之后的第一轮，参加的人数比较多，成本比较高，岗位本身对文字功底的要求较低，部分用人单位招聘过程中会省略笔试环节，替代性的在申请表上安排较多的主观性问题，考查应聘者的分析问题和解决问题的能力，和面试相比，笔试是一种相对初级的甄选方式。用人单位将笔试作为面试之前的第一轮甄选，主要目的是为了选出那些符合公司的企业文化，具有公司所希望的思维方式和个性特征的人。还有的用人单位则将笔试作为面试的一种辅助手段，侧重于考查那些在面试中考查不出来的素质，如书面表达能力等。对于一些技术性很强的职位，笔试则可能是主要的甄选方式。笔试一般包括以下几个方面的内容：一是知识面的考核，主要是一些通用性的基础知识和担任某一职务所要求具备的业务知识。二是智力测试，主要测试毕业生的记忆力、分析观察能力、综合归纳能力、思维反应能力以及对于新知识的学习能力。三是技能测验，主要是针对受聘者处理问题的速度与质量的测试，检验其对知识和智力运用的程度和能力。四是性格测试，主要是通过一些精心设计的心理测验试题或一些开放式的问题来考查求职者的个性特征。

一、常见的笔试种类

从表现形式上看，笔试可以采用多种选择题、是非题、匹配题、填空题、简答题、综合分析题、案例分析题以及撰写论文等多种试题形式，笔试的每一种特定形式都有它的优缺点。例如，选择题，是非题、匹配题、填空题、简答题等类型的试题，适合测试应聘者的一般和专业知识水平；综合分析题可以测试应聘者某种职业能力；案例分析题能够检测应聘者的认知力理解力、分析力、判断力、思辨力等方面的能力；撰写论文能使应聘者以文字形式表达对某一类问题的看法，既可以展示其聪明才智，也能反映其价值观、世界观、人生观等方面认识水平。

从试题的内容上看，根据笔试内容的侧重不同，可将笔试分为四类：

（一）专业考试

这种考试主要是检验应聘者担任某一职务时是否能达到所要求的专业知识水平和相关的实际能力。例如外资企业、外贸企业招聘人员时要考外语；科研机构招聘人员要考动手能力；国家机关招聘公务员要考行政管理和法律知识等。

（二）智商和心理测试

智商测试主要考查应聘者的观察、分析、思维反应及解决问题的能力。智商测试主要为一些著名跨国公司所采用，它们对毕业生所学专业一般没有特殊要求，但对毕业生的素质要求较高。心理测试是用事先编制好的标准化量表或问卷要求被试者完成，根据完成的数量和质量来判定其心理水平或个性差异的方法。

（三）综合能力测试

综合能力测试兼有智商测试的要求，但程度更高。比如，应试者要在规定的时间内对一组数据、一组资料进行分析，找出其合理的地方和存在的问题，并设计出解决问题的方案。这是对学生的阅读理解能力，发现问题、分析和解决问题的能力，知识面等素质的全方位测试。有时问答是用英语进行，相对来说难度更大一些。

（四）公务员录用考试

公务员录用考试一般由国家中央机关或各地方各级机关组织，科目一般分为《行政能力测验》和《申论》。

二、笔试的准备

笔试是一种能力测试，有着高淘汰率的特点，无论是英文的书面表达能力、逻辑思维的能力和分析问题的能力，还是对于知识域的了解和掌握，都是一种长期的实践和积累，并不是可以一蹴而就的，以下的几点准备是建立在长期积累的基础上才见成效。

（一）英文阅读和写作的准备

首先，对于英文阅读而言，很重要的一点是要培养对于笔试的英文的语感。由于大部分的笔试英文和商业英文在表达习惯和表达技巧方面的相似性，以及内容方面的相通性，因此，通过阅读一定量的商业英文报刊或者网站来培养语感，进而熟悉笔试英文阅读理解是一个很好的途径。写作的练习应当建立在一定的阅读的基础上，因为通过阅读你可以借鉴作者的表达技巧和分析问题的思路和方法，但是更重要的是实践，阅读和写作是两个相辅相成的过程，良好的阅读可以指导你的写作，而写作的积累也同样要求你有相适应的阅读。

（二）专业笔试的准备

对于专业科目的笔试，首先考前应该结合具体职位看相关资料，了解笔试内容，做到心中有数。其次要了解笔试重点，进行认真复习。每个学科都有一两门概念性的课程，笔试之前多看看这方面的教材。如果以前确实学过，那应该有笔记或者自己的复习提纲。比如说，临床医师医疗招聘考试笔试一般考基本理论和临床，尤其是临床知识所占比重高，而医学基础知识中又以解剖、生理、病理、药理、诊断这几科为重点。临床课即内、外、妇、儿，同时根据用人科室的不同考核的内容也略有侧重。这就要求考生们要仔细研读职位表，明确自己报考的职位。急诊科学和传染病学因是临床中经常需面对的问题，故也为考查的重点。近年来，医患关系的问题越来越受到社会的关注，故对于医生的职业道德和卫生法律法规的考题也越来越受到命题者的青睐。另外，保持稳定的心态也是非常重要的。要客观冷静地对自己进行正确评估，相信自己的实力，克服自卑心理，增强自信心。

（三）其他笔试的准备

除了英文的阅读和写作以及专业笔试之外，上文中还提到了其他一些笔试的类型。一般来说，对于数理分析能力，逻辑推理能力和语言表达能力方面的考查，准备的途径并不多，一般来说，大部分的应试者在这一部分的表现都比较平稳，虽然不同的应试者的专业背景都不同，但是基本的分析能力和逻辑思维的能力是每一个学科都需要的，在平时的学业中每个人都会有意无意地去练习和拓展自己这方面的能力。因此，虽然笔试的题目你从来没有操练过，但是其考查的本质是相同的，只是笔试题目以另外一种你并不熟悉的形式来表现而已。如强生（中国）的主要业务是医药和医疗器械，它的笔试题中出现了关于载人航天和“十六大”的内容，但是它对你的考查要求仅仅是了解、听说过，对于这些内容的笔试与其说是考查知识点的本身不如说是考查你对于留意身边信息的能力。

总的来说，典型笔试题目根据各个用人单位的具体情况各不相同，所要应聘的职位不同，对同一个问题的回答也不同。比如说，对于“井盖为什么是圆的”这个问题，应聘销售的人自然要从销售策略方面回答，而应聘技术类职位的人，可以从材料磨损、耐用性等方面考虑。

所以，对于这种主观性的试题，建议最后结合自身专业和应聘职位的特点区别作答，这样，应该才是最好的结果。

三、笔试技巧及注意事项

(1) 除携带必备的证件外，一些考试必备的文具（钢笔、橡皮等）也要准备齐全。

(2) 科学答卷。拿到试卷后，首先应通览一遍，以便了解哪些题目必做，哪些题目选做以及题目的多少和难易程度，根据先易后难的原则排出答题顺序。遇到较大的综合题或论述题，应先列提纲，再逐条论述。

(3) 答卷要做到字迹端正，卷面整洁。因为求职笔试不等于其他专业考试，招聘单位往往从卷面上联想应聘者的思想、品质、作风，字迹潦草、卷面不整的人，招聘单位先不看你答的内容，单从你的卷面就觉得你不可靠；那些字迹端正、答题一丝不苟的人，招聘单位则认为你态度认真、作风细致，对你更加青睐。

第二节　面　试

面试被定义为“一次有目的受控制的交流”。也是由规则控制的社会性互访行为，面试官提问并控制局面，应聘者回答问题。通过当面交流、问答对毕业生进行考核的一种方式。面试可以进行一轮或若干轮，有的用母语或外语进行，这些由不同单位安排而定。

采用面试的方法不仅能考核一个人的业务水平，而且能让用人单位面对面地观察毕业生的身材、体态、仪表、气质、口才和应变能力等。由于面试和笔试相比具有更大的灵活性和挑战性，所以许多用人单位或直接在笔试筛选的基础上采用这种方式。对大多数毕业生来讲，由于面试经历少，常常不知所措。学会面试是毕业生求职择业成功的关键。

一、面试的种类

面试的种类很多，因面试的目的、面试现场组织形式、面试中面试官采取的方式不同客户以分成很多种类型。

（一）按照面试目的分

1．筛选型面试

属初级面试，由招聘单位的人力资源部组织进行。面试官的任务是对求职者进行淘汰，而非筛选，凭借经验和规则找出你的不良记录、空白记录、虚假记录、矛盾之处。所以，你要从容面对，以便获得进一步面试的资格。你最好是随着面试官走，为你自荐材料中的不良或易于误解之处做出详尽的解释，尽可能迅速地、直接地、间接地回答问题，千万不要跑题或回避问题。不要主动提及不利因素，不要提要求或待遇，不要自谦或怀疑自己的能力资格。要相信你已具备能满足该职位要求的实力，并尽量做到谦逊有礼，以便给用人单位留下一个得体、友好、奋发、向上、实事求是、易于相处的印象。

2．决定型面试

一般由招聘单位的最高层经理和人事招聘专员共同进行，通常采用小组面试，你将同时面对几个面试官，他们共同确认谁最适合工作要求，提问的准度、方式会使气氛变得非常紧张，也许会涉及个人原则和隐私问题。需要求职者以一种灵活的姿态来回答，目的只是要考查求职者面对压力的反应、合作能力。求职者应充分、放松地自我发挥和推销，对于“过分”的问题不要过于耿耿于怀，要保持一些基本的原则，只要不涉及自己的尊严，可不卑不亢。在最后的面试中以更加积极主动的态度进行回答，要从用人单位的角度出发确定话题，正确使用礼貌用语、称谓，言谈举止要表现出自己效力公司的决心，在整个面试过程中，求职者提问与回答时应时刻牢记优雅从容微笑自信，回答应表现出“换位思考”的人本思想，让对方接纳自己。

3．集训型面试

为进一步考查求职者的工作技能、团队精神、学习能力，公司根据需要以集训或演练的方式对求职者进行学习性或实习性选拔和淘汰。需要特别注意，为考查你的处事方法，在面试过程中一些职务级别比你低的人也会成为你的面试官，他们的意见都左右着你能否成功，你要摆正位置，端正你的态度，对他们要显出足够的尊敬。

（二）按照面试现场的组织形式分

1．个人面试

是直接面对求职者的面试，为80%的企业所采用，时间一般为30分钟。其具体形式一般有以下几点：

（1）一对一面试。一对一面试是目前最普遍的形式，通常多用于第一次面试，在求职者众多时，按顺序点名面试。面试问题较为有规律，求职者的注意力也容易集中，由于只面对一个面试官，所以话题的专注度加强，面试对求职者造成的心理压力也较轻。

（2）连续型面试。求职者从一个办公室到另一个办公室。求职者应以饱满的热情对待每位面试官，从不同面试官的胸卡上寻找面试的重心。

（3）一对多面试。这种形式一个求职者面对多个面试官。面试场面容易造成紧张气氛，目的是考验求职者心理承受能力，对其客观评价，做出正确决策。求职者要保持沉着、冷静，避免紧张，每次只针对一个问题来回答，把重心集中在那个提问的面试官身上，又要顾全大局，和在场的每个人进行良好的目光交流，不忽略任何一个人；如有多个问题同时提出，就挑选一两个较容易的来回答，而其他问题一时不知答案的，应婉转地表明自己不清楚，回去后再详细查找的意思，切记不要强词夺理。

2．群体面试

求职者在两人以上的淘汰面试，分为“群体应答”和“群体讨论”两种类型。其具体方式一般有以下几点：

（1）群体应答方式。面试官大多会问及求职愿望和求职动机，对这一问题勿回避。答应简明扼要，切忌冗长或兴奋，即使精彩，也会引起反感。在群体应试时，切忌“随声附和”，失去个性色彩。另外，在他人应答时，不可露出轻慢、不屑之色，这是大忌。

（2）群体讨论方式。群体讨论方式是对求职者在风度、教养、见识、知识的灵活运用等诸方面的综合考虑。此类面试，应把握好以下几点：①要点明确。将个人意见归纳为几个要点，讨论不理正题。②尊重他人意见。任何全面否定他人意见的做法都会留下不好的印象。若有异议。应在他人发言完毕后，叙述己见："我是这样认为的，不知对否……"③切忌感情用事。受到反驳时，恼羞成怒，高声辩解或反唇相讥是不可取的，应表现出自己的涵养和冷静。④置身于讨论之中。在集体讨论中最忌清高，漫不经心，游离于讨论之外，两眼上翻、面壁静坐等都将留下不良印象。

（3）小组面试。通常是由一位部门主管加一位人事主管或员工问题专家组成面试小组。小组面试一般是面试的最终阶段，求职者一次性地出现在所有面试官前，其目的是让多名决策者在较短时间内了解求职者；并考查求职者在巨大压力下的状态。当一位面试官提问时，其他面试官可以观察求职者的反应和回答。面试官的提问会井然有序，但在更多的情况下，各种意想不到的问题会同时出现，以加重求职者的紧张状态与不安，此时求职者要特别注意。

（三）按照面试中面试官采取的方式分

1. 问题式面试

面试官按照事先拟定的提纲对求职者进行提问，其目的在于观察求职者在特殊环境中的表现，考核其知识和判断解决问题的能力。

2. 压力式面试

面试官有意识地对求职者施加压力，就某一问题或某一时间做一连串发问，详细具体且追根到底，直到无以对答。此方式主要考查求职者在特殊压力下的反应、思维是否敏捷及应变能力。

3. 自由式面试

面试官与求职者海阔天空、漫无边际地进行交谈，气氛轻松活跃，可以在进餐中进行，无拘无束，面试官与求职者自由发表言论，各抒己见。目的为：与闲聊中观察求职者的谈吐举止知识能力气质和风度，对其做全方位的综合素质考核 。

4. 模拟式面试

由面试官事先设定一个情景，就该情景提出一个问题或一项计划，要求求职者进入角色模拟，其目的在于考核其分析问题、解决问题的能力。

5. 综合式面试

面试官通过多种方式考查求职者的综合能力和素质，如用外语与其交谈，要求即时作文，或即席演讲，或要求写一段文字，甚至操作计算机及其他设备等，以考查其外语水平、文字能力、书面及口才表达等各方面的能力。

（四）其他特殊的面试方法

现在有一些用人单位，在招聘中采用了各种别具一格的面试方法，以期更加全面、公正、客观地来考查求职者的综合素质。例如，酒会面试、游戏面试、爱心面试、陷阱面试等，其目的在于观察求职者放松警惕时的真实表现，考查求职者的道德品质，解决现实问题的能力，或者发现求职者潜在的思想认识、道德标准等。这些特殊的面试方法在目前情况看还不多见，但也应该引起广大毕业生的注意。

在实际面试过程中，为了能够选拔出真正优秀的人才，招聘者可能采取一种或同时采取几种面试方法，也可能就某一方面的问题对求职者进行更广泛、更深刻的考查。

二、面试前的准备

当面测试无疑是求职最关键的一步，现在面试的时间越来越长，有的企业要经过两轮以上的面试，面试涉及的人越来越多，竞争越来越激烈，所以申请人确实应该精心准备，要尽可能多地了解熟悉招聘企业现状，积累相关行业的常识；审视自己的优缺点、性格特征、兴趣爱好等，保证客观、全面、准确地自知；模拟可能遇到的问题和不利的情况；准备向面试官询问和请教的问题；在面试前的一两天内与用人单位再确认面试时间和地点，如果对面试地点不熟悉，应该先行勘查现场，以免到时手忙脚乱；应该确认携带的资料：简历的复印件、推荐信、笔记本和笔、一些证件、一些自己的作品、收集的招聘单位的资料，准备的问题清单和答案；精心选择穿戴衣物，佩戴适合申请职位、性别、年龄特点的服装饰品。最后，应提前5~10分钟到达接待地点，告诉接待员或者秘书，然后在接待处安静等候，并再检查所带材料。

三、面试经典问题及回答思路

问题一："请你自我介绍一下。"

思路：介绍内容要与个人简历相一致。表述方式上尽量口语化。要切中要害，不谈无关、无用的内容。条理要清晰，层次要分明。事先最好以文字的形式写好背熟。

问题二："谈谈你的家庭情况。"

思路：家庭情况对于了解应聘者的性格、观念、心态等有一定的作用，这是招聘单位该问题的主要原因。简单罗列家庭人口。宜强调温馨和睦的家庭气氛。宜强调父母对自己教育的重视。宜强调各位家庭成员的良好状况。宜强调自己对家庭的责任感。

问题三："你有什么业余爱好？"

思路：业余爱好能在一定程度上反映应聘者的性格、观念、心态，这是招聘单位该问题的主要原因。最好不要说自己没有业余爱好。不要说自己有哪些庸俗的、令人感觉不好的爱好。最好不要说自己仅限于读书、听音乐、上网，否则可能令面试官怀疑应聘者性格孤僻。最好能有一些户外的业余爱好来点缀你的形象。

问题四："你最崇拜谁？"

思路：最崇拜的人能在一定程度上反映应聘者的性格、观念、心态，这是招聘单位该问题的主要原因。不宜说自己谁都不崇拜。不宜说崇拜自己。不宜说崇拜一个明显有负面形象的人。所崇拜的人最好能与自己应聘的工作搭上关系。最好说自己所崇拜的人有哪些品质、哪些思想在感染着自己、鼓舞着自己。

问题五："谈谈你的一次失败经历。"

思路：不宜说自己没有失败经历。不宜把那些明显的成功说成是失败。不宜说出严重影响所应聘工作的失败经历。宜说明失败之前自己曾信心百倍，尽心尽力。说明仅仅是由于外在客观原因导致失败。失败后自己很快振作起来，以更加饱满的热情面对以后的工作。

问题六："谈谈你的缺点。"

思路：不宜说自己没有缺点。不宜把那些明显的优点说成缺点。不宜说出严重影响所应聘工作的缺点。不宜说出令人不放心、不舒服的缺点。可以说出一些对于所应聘工作"无关紧要"的缺点，甚至是一些表面上看是缺点，从工作的角度却是优点的缺点。

问题七："与上级意见不一致，你将怎么办？"

思路：一般可以这样回答："我会给上级以必要的解释和提醒，在这种情况下，我会服从上级的意见。"如果面试你的是总经理，而你所应聘的职位另有一位经理，且这位经理当时不在场，可以这样回答："对于非原则性的问题，我会服从上级的意见，对于涉及公司利益的重大问题，我希望能向更高领导反映。"

问题八："你为什么选择我们的公司？"

思路：面试官试图从中了解你的求职动机、愿望以及对此项工作的态度。建议从行业、企业和岗位这三个角度回答。参考答案："我十分看好贵公司所在的行业，我认为贵公司十分重视人才，而且这项工作很适合我，相信自己一定能做好。"

问题九："我们为什么要录用你？"

思路：应聘者最好站在招聘单位的角度回答。招聘单位一般会录用这样的应聘者：基本符合条件，对这份工作感兴趣，有足够的信心。如："我符合贵公司的招聘条件，凭我目前掌握的技能、高度的责任感和良好的适应能力以及学习能力，完全能胜任这份工作。我十分希望能为贵公司服务，如果贵公司给我这个机会，我一定能成为贵公司的栋梁！"

问题十："你是应届毕业生，缺乏经验，如何能胜任这项工作？"

思路：如果招聘单位对应届毕业生的应聘者提出这个问题，说明招聘单位并不真正在乎经验，关键看应聘者怎样回答。对这个问题的回答最好要体现出应聘者的诚恳、机智、果断及敬业。如："作为应届毕业生，在工作经验方面的确会有所欠佳，因此在读书期间我一直利用各种机会在这个行业里做兼职。我也发现，实际工作远比书本知识丰富、复杂。但我有较强的责任心、适应能力和学习能力，而且比较勤奋，所以在兼职中均能圆满地完成各项工作，从中获取的经验也令我受益匪浅。请贵公司放心，学校所学及兼职的工作经验使我一定能胜任这个职位。"

总的来说，同一个面试问题并非只有一个答案，而同一个答案并不是在任何面试场合都有效，关键在于应聘者掌握了规律后，对面试的具体情况进行把握，有意识地揣摩面试官提出问题的心理背景，然后投其所好。

问题十一："你为什么选择本医院？"

应聘者在面试前一般应多准备几个原因，但原因最好简短而切合实际。为了表明应聘的原因和工作意愿，回答的答案最好是能与应聘单位的价值观，对人才的重视，平台的优势等回答，最好不要回答因为收入高，因为安定等功利性答案，要表现出充分研究过企业的样子。

问题十二："你认为这个医生行业的现况如何？"

这个问题主要是了解求职者对行业现况的理解及展望。针对无经验者，是试探他对本工作的意愿与关心程度。由于是刚从学校毕业，对这方面的知识也仅停留在书本上，不必在人事经理面前装内行，也没有必要陈述什么独创的见解，你只要能传递正确和真实的意见就行了。

第三节　礼　　仪

面试，就是当面考试，谁懂得礼仪，谁就拿到加试分，谁就容易拿到高分，谁就最先通过，谁就最先拿到第一桶金。在整个投简历、面试过程中仪表大方、举止得体，给招聘人员留下大方、干练的良好印象，是求职者的加分题。对于应届毕业生来说，允许有一些学生气的装扮，即使面试名企，也可以穿休闲类套装。它相对正规套装来看，面料、鞋子、色彩的搭配自由度更高。身上穿的、手上戴的均能反映出求职者对所申请的职位的理解程度。参加面试，在衣着方面虽不要求特别讲究、过分花哨华丽，面试时你所穿的西服、衬衫、裤子、皮鞋、袜子都不宜给人以崭新发亮的感觉，但也要注意整洁大方，不可邋遢，不可过分修饰。无论是男装或女装，对面料要略有讲究。好的面料可以使剪裁得体的服装更加合身，相得益彰。合乎自身形象的着装会给人以干净利落、有专业精神的印象，显得干练大方。

一、面试前

（一）着装

“人靠衣服马靠鞍，一靠长相二靠穿。”求职者的着装修饰要尊重社会规范，要符合社会大众的审美观，应相对保守些，以体现出严谨的风格。着装的整体要求包括：必须整洁。不整洁的打扮会使招聘人员对你的印象大打折扣。整洁并不要求过分地花费，但衣服一定要干净、平整。其次是简朴大方。面试者应尽可能放弃佩戴各种装饰。如果工作的专业性强或职位较高，在色彩上也应慎重，太夺目的色彩和太花哨的纹样表明你不够郑重，会导致对你专业水平的怀疑。最后应避免大胆的装束。男士切勿穿短裤、凉鞋、运动鞋，女性切忌浓妆艳抹和穿迷你裙、无袖上衣、高跟拖鞋。即使是炎热的夏天，也不要穿得太露太透，不要选择闪光的涂层面料，也要避免戴叮当作响的指环和手镯，别穿运动鞋和露趾凉鞋。

（二）配饰

求职场合涉及的其他配饰有：腰带、鞋袜和包等。

1．腰带

腰带更重要的是装饰作用。男士的腰带一般比较单一，质地大多是皮革的，没有太多的装饰。穿西服时，都要扎腰带。夏季只穿衬衫并把衬衫扎到裤子里去的时候，也要系上腰带。女性的腰带很丰富，质地有皮革的、编织物的、其他纺织品的。

2. 鞋袜

穿西服一定要穿皮鞋，夏天也不例外（但夏天可以穿镂空的）。

皮鞋的款式提倡传统的有带皮鞋。深色的西服搭配黑、棕色皮鞋。作为男性求职者来说，皮包、皮带、皮鞋应该颜色一致。袜子对男士的要求比较简单，颜色上一般倾向于深色的，如蓝、黑、灰、棕等。穿西装时，袜口不要露出来。女性的袜子，情况要复杂得多，女袜分为长袜、短袜。短袜一般只适用于长裤，如果双腿皮肤没有缺陷的话，有时也可用于过膝短裤或裙装；但穿西装套裙时必须穿长袜。对于裙装来说，更适合穿长袜，这样可以通过服饰来突出女性的腿部美。穿长袜一定要注意：袜口无论如何都不该露在裙摆外。过膝长裙配过膝中长袜就行，中等长度的裙子最好配穿到腿跟的长袜。

3. 包

男士的包比较简单，一般都是公文包。公文包的面料应该是牛皮、羊皮制品，而且以黑色、棕色最正统。如果从色彩搭配的角度来说，公文包的色彩和皮鞋的色彩一致，看上去就显得完美而和谐。除商标外，公文包在外表上不要带有任何图案、文字，包括真皮标志。手提式的长方形公文包是最标准的。作为女性，可以用手袋，也可以用包，但色彩上不可以和着装反差过大，不要过于鲜艳。如果去申请比较高级的职务或是严谨的企业应聘，还是用包比较合适。

二、面试中

面试当天包括“准备—报到—等候—进入面试室”四个步骤。

1. 准备

起床洗个澡，修饰仪表，清除体味，并能够使精神焕发。

不要喝太多水，吃完早餐后刷牙，嚼一下口香糖（在进入公司前吐掉）或使用漱口水清除口腔异味。

温习索引卡片上所列要点，最后检查一下该带的物品。

进行积极的心理暗示，想象自己已经成功通过面试，这对你状态的放松和调整很有帮助。

做好准备，不慌不忙去面试现场，在路上注意不要出现意外，如塞车、被窃、与人冲突，保持一个好心情对你的面试很有帮助。

进公司前将手机关掉或开振动挡，否则面试前它们会打断对方的谈话，并且给人一种使用者毫不顾及身边人的印象，很失礼。

2．报到

报到时面带微笑、精神饱满、胸有成竹、态度自然、亲切、友善、斯文和积极。递交报到单，向接待人清楚地说出自己的名字、应聘职位、约见人、约见时间。如果接待人正在与其他人交谈时，你应该耐心地等候。

不要随意与接待人员聊天或进入他的工作区域，这会干扰他的工作，也会让他觉得你不知趣、很讨厌。

填写报名表时，字体大小要一致，句子排列一定要整齐，先认真看一遍或打草稿后再填写，不要把一行字写歪了，防止页面搞脏以及折皱。报名表上有些项目与求职者的项目相同，但你最好还是完整地填写为好，报名表的目的并不只是代替你的简历，而是保证所有应聘者个人信息的统一化、标准化，便于面试官做分析与对比。同时，填表本身就是一种考核，经常有应聘者写坏了，连自己都不满意，又想再要一张，请记住谁都不会有第二张表，别人写不好，而你写得好就突出了，为了保证页面的整洁，你可以填简单一点，太细节化的东西不用写。如果报名表上有“其他要求”一栏，此时双方都还没有很深入的了解，并不清楚对方的权利与义务，还不是你提条件的时候，你最好是填“无”或“面谈”。

不要随意就座和走动，如果你想坐一坐，就应该对接待员说：“小姐，能请你给我找个座位，可以吗?”或者说：“先生，这里我可以坐一坐吗?”如果有几张椅子可以选择，那么选择一张不挡道的、最里面的位置，这样方便别人就座，在就座时拖动椅子不要发出声音。

3．等候

在休息室等候中注意观察该公司的办公室气氛，寻找有关该企业的简介、资料、挂在墙上的荣誉证书、艺术品、员工手册。找出重要产品、服务、企业近期工作等信息，这将有助于打开最初的谈话僵局，并能巧妙地将你与这个企业联系起来。了解面试官人数、职务、上一个应聘者面试时间，这将有助于调整你在面试中将要表达的内容的轻重顺序。我们常常可以从一些小事和细节看出该单位的问题。当你进入一家单位面试，不妨细心观察一下周围，你可能发现一些情况：

大门口保安、公司员工的态度是否友善。（人事管理水平）

是否有专门的面试房间，是否让你等待很长时间而没人理你，面试后是否有专人打招呼并送至门口。（人事管理水平）

办公现场布置，如标语、告示是否超出有效期。（行政管理水平）

办公场所是否整洁，桌面是否凌乱。（行政管理水平）

是否有专人接待倒茶。（行政管理水平）

洗手间是否干净清爽。（行政管理水平）

资料文件是否齐备，是否马上就能找到你的应聘材料。（信息管理水平）

标语口号内容。（发展前景）

员工谈话时是否喧哗，是否有人在扎堆用餐。（工作场所管理水平）

单位人员分工、组织结构划分是否明确。（岗位管理水平）

员工是否打私人电话或谈与工作无关的事情。（职业道德要求程度）

工作者是否全神贯注。（敬业精神水平）

相互称谓是否合理。（人际关系管理水平）

接待客户来访或接听客户电话是否规范。（营销管理水平）

4. 进入面试室

进门前看看表，面试结束出门时也看看表。与面试无关物品（如雨伞）不要带入面试室，而应放在接待处。面试时手上拿一份资料可解决手没处放的问题，同时女性在弯腰或展示资料时可挡住下垂的领口。

在进面试前应先敲门，把握节奏敲两三下，动作要坚持干脆，声音要响。说一声："我可以进来吗?"等待对方说"请进"时才推门进去。如是几个人同时进去。开门人应将门打开并把住，让别人先进（在电梯中要为后来人按电梯开门键）。

进门的过程：抬头—呼气—沉肩—步入—停顿—扫射—交流眼光—微笑服务—握手—问好—坐下。

（1）走进房间的时候：走进房间的时候自己的名字被喊到，就有力地答一声"是"，然后再进门。如果门关着的话，就要以里面听得见的力度敲门，听到回复后再进去。开门关门尽量要轻，向招聘方各位行过礼之后，清楚地说出自己的名字。

（2）坐姿：在没有听到"请坐"之前，绝对不可以坐下，面试官还没有开口，就顺势把自己挂在椅子上的人，已经扣掉了一半分数，从门口走进来的时候，也要挺起胸膛堂堂正正地走。坐下时也不要在椅沿上轻坐，要舒服地坐进去。

（3）使用敬语：使用过分夸张的敬语是一件令双方都很尴尬的事。所以，这一点在平时待人接物上下功夫，如习惯于对长辈说敬语等。

（4）知之为知之，不知为不知：在面试场上，常会遇到一些不熟悉、曾经熟悉现在竟忘记或根本不懂的问题。面临这种情况，默不作声、回避问题是失策；牵强附会、"强不知为知之"更是拙劣，坦率承认为上策。

（5）保持诚恳态度：进入面试场地，求职者应始终面带微笑，不要过分紧张，对碰到的每个公司员工都应彬彬有礼。

（6）注意身体语言：身体语言在人际交流中占50%以上，大家一定遇到过面试失败的例子，分析起来，专业也对口，也没说过什么不得体的话，一句话，不知道输在哪里。其实，除了职场竞争激烈是主要原因外，面试时身体语言表现不当而暴露弱点也是一个重要因素。

身体语言包括：说话时的目光接触、身体的姿势控制、习惯动作、讲话时的嗓音等。

目光接触。面试时，应试者应当与主考官保持目光接触，以表示对主考官的尊重。目光接触的技巧是，盯住主考官的鼻梁处，每次 15 秒左右，然后自然地转向其他地方，例如望向主考官的手、办公桌等其他地方，然后隔 30 秒左右，又再望向主考官的双眼鼻梁处。切忌目光游移，躲避闪烁，这是缺乏自信的表现。

身体姿势和习惯动作。在进出面试办公室时，注意进退礼仪，一定要保持抬头挺胸的姿态和饱满的精神，不要与人交谈时频繁地耸肩、手舞足蹈、左顾右盼、坐姿歪斜、晃动双腿等，这都是不好的身体语言。总之，手势不宜过多，需要时适度配合表达。

讲话时的嗓音。嗓音可以看出一个人是否紧张、是否自信等，平时应多练习演讲、交谈的艺术，控制说话的语速，不要尖声尖气，声细无力，应保持音调平静，音量适中，回答简练，不带“嗯”“这个”等无关紧要的习惯语，这些都显示出在自我表达方面不专业。

递收名片。在面试中双方递交名片的情况较少，因为你的个人资料已经在面试官的手中，而名片代表的是你的工作身份，而此时你是准备放弃上一个工作身份了。但如果你是主动求职，这时你的来访带有一种商务访问的含义，这时与对方开始建立双方私人的关系。交换名片你就应该双手递接，接过来以后认真看一下，念一下职务和名字，然后可以收进名片夹里，或小心地放在面前的桌子上在走的时候再收，千万不能塞进裤袋里，这是对对方的不尊重。即使你没有递名片，如果面试中双方谈得很融洽，你可以在面试结束时，向对方索要一张名片，你可以说：“××经理，您能不能赐予一张您的名片？”这时对方往往不好回绝，这样对你面试后写感谢信有帮助。但如果面试中双方谈得不是很深入，你最好就不要这样做，因为对方并不喜欢你。

一些肢体语言。人们在面试时常常会情不自禁地做出一些动作，从这些动作往往可以看出一个人的精神面貌和心理状态：

捏面部的任何部位（眉毛、鼻子、耳朵或嘴唇）：没有把握。

看表：缺乏耐心。

玩弄圆珠笔、戒指或其他物品：心不在焉。

正视前方：感兴趣、注意力集中和自信。

姿势放松：没什么好隐瞒的。

身体前后摆动：紧张和有疑问。

舒心和真诚的微笑：积极向上。

搓手：不耐心。

手臂交叉：采取守势。

姿势“过于舒适”：傲慢。

啃指甲或将指甲放在嘴边：无把握。

眼光向下：不相信所听到的。

两腿交叉和一只脚不停摆动：厌烦和懈怠。

脚歪着放，脚尖相对和脚跟分开：神经质和紧张。

手掌伸开向上：真诚和抱有善意。

揉眼睛，挠鼻子：有疑问。

三、面试后

面试结束时，不论是否如你所料，被顺利录取，得到梦寐以求的工作机会，或者只是得到一个模棱两可的答复：“这样吧，××先生/小姐，我们还要进一步考虑你和其他候选人的情况，如果有进一步的消息，我们会及时通知你的。”

如果得到这样的答复，我们应该对用人单位的人事主管抽出宝贵时间与自己见面表示感谢，并且表示期待着有进一步面谈的机会。这样既保持了与相关单位主管的良好关系，又表现出自己杰出的人际关系能力。当用人单位最后考虑人选时，能增加自己的分数。

与人事经理最好以握手的方式道别，离开办公室时，应该把刚才坐的椅子扶正到刚进门时的位置，再次致谢后出门。经过前台时，要主动与前台工作人员点头致意或说“谢谢你，再见”之类的话。

面试结束并不意味着求职过程就完了，也不意味着求职者就可以袖手以待聘用通知的到来，有些事你还得做。

（一）感谢

为了加深招聘人员对你的印象，增加求职成功的可能性，面试后2天内，你最好给招聘人员打个电话或写封信表示谢意。

感谢电话要简短，最好不要超过5分钟。感谢信要简洁，最好不超过一页。感谢信的开头应提及你的姓名及简单情况，然后提及面试时间，并对招聘人员表示感谢。

感谢信的中间部分要重申你对该公司、该职位的兴趣，增加一些对求职成功有用的事实内容，尽量修正你可能留给招聘人员的不良印象。

感谢信的结尾可以表示你对自己的素质能符合公司要求的信心，主动提供更多的材料，或表示能有机会为公司的发展壮大做出贡献。

面试后表示感谢是十分重要的，因为这不仅是礼貌之举，也会使主考官在做决定时对你有印象。

（二）不要过早打听面试结果

在一般情况下，考官每天面试结束后，都要进行讨论和投票，然后送人事部门汇总，最后确定录用人选，可能要等3～5天。求职者在这段时间内一定要耐心等候消息，不要过早打听面试结果。

（三）查询结果

一般来说，你如果在面试2周后或在主考官许诺的通知时间到了，还没有收到对方的答复时，就应该写信或打电话给招聘单位或主考官，询问是否已做出了决定。

小资料

求职礼仪自我检视清单

求职面试前的礼仪——

（1）头发干净自然，如要染发则注意颜色和发型不可太标新立异。

（2）服饰大方、整齐合身，男女皆以时尚大方的套服为宜。

（3）面试前一天修剪指甲，切忌涂深色指甲油。

（4）不要佩戴标新立异的装饰物。

（5）选择平时习惯穿的皮鞋，出门办事前一定要擦拭干净。

求职面试过程中的礼仪——

(1) 任何情况下都要注意进房先敲门。

(2) 待人态度从容，有礼貌。

(3) 眼睛平视，面带微笑。

(4) 说话清晰，音量适中。

(5) 神情专注，切忌边说话边整理头发。

(6) 手势不宜过多，需要时适度配合。

(7) 进入面谈办公室前，可以嚼一片口香糖，消除口气，缓和稳定紧张的情绪。

求职面试结束时的礼仪——

(1) 礼貌地与面试官握手并致谢。

(2) 轻声起立并将座椅轻推至原位置。

(3) 出公司大门时对接待人员表示感谢。

(4) 24 小时之内发出书面感谢信。

小贴士

网络视频面试技巧和注意事项：

1. 面试技巧

(1) 摆正态度，做好面试前准备，提前汇总好问题。

虽然网络视频面试相对传统面试较为轻松活泼一些，但也是需要应聘者具备一定的礼仪性和严肃，拿出重视的态度，而不是将将网络面试当成网络调侃，嬉皮笑脸、油嘴滑舌。前期准备更不可确，因为网络面试时 HR 可能会提出一些出其不意的问题、思维跳跃，从而将无准备的面试者打个措手不及。

把想要问的问题提前进行会中也是准备工作的一项，而不是在面试过程中想起一个问题就问一个问题，这样不仅会显得你没有逻辑性，也会打断面试官的思路。可以将问题汇总后发给面试官，等待其一一回答，尽量不要当面反复催促面试官回答。

(2) 不要一上来就问薪酬问题。

有些面试者尤其是大学生网络面试一开头就问薪酬问题、休息时间、保险问题等，这样的做法可能会使面试官陷入尴尬境地。较好的办法是先充分展示自己的学识、能力、经验、未来的计划等，如果回答到位，面试官或许就会主动告诉你薪酬问题，并按照你的表现来考虑薪酬等级。

2. 注意事项

网络视频面试礼仪上要避免的错误：

（1）没整理好视频的背景。无论是在家或是在办公区进行网络视频面试，展现出一个整齐洁净的背景是很重要的，这关系到面试官对你的第一印象。

（2）没有询问连接是否畅通。为了避免出现技术上的问题，一定要在面试一开始的时候马上询问面试官是否能清楚地看到并听到你。如果出现技术问题建议面试暂停，否则面试官必将会因为听不清问题而难以给你回复，导致最终结果是一场失败面试。

（3）看着自己，而不是面试官。要直视摄像头，而不是看着屏幕上的面试官，这样才能产生直视对方双眼的效果。如果太想要看到自己的表现，这会给双方都造成困扰，不能专注。

（4）姿势不雅。你的姿势应该表现出你很放松但专注。因此，你要稍稍前倾，但是不要过于靠近摄像头，不要坐的过于靠近摄像头，并且要坐的端正。

（5）打断面试官讲话。连接出现延时会使人很容易犯这个错误，而这会让对话变得很不愉快。要等面试官把问题完全阐述完，你再做出回答。这也会让你在开口之前有一些时间来思考一下自己将要讲的话。

（6）忘记微笑。因为你是在对着一台电脑讲话，这就很有可能让你的行为变得很像个机器人。而这对于你推销自己可没有什么帮助。

思考与讨论：

1. 笔试有哪些注意事项和技巧？
2. 面试的类型与注意问题是什么？
3. 求职过程中有哪些注意事项？

第八章　签约与派遣

学习目标：

1. 熟悉就业协议书的使用。
2. 了解签约应注意的事项。
3. 掌握毕业生派遣的程序。

通常毕业生通过招聘面试、笔试等取得录用资格后，用人单位会与他签订一份就业协议，将毕业后劳动关系确定下来，作为毕业生到用人单位报到、工作的依据；或直接出一份录取通知，如公务员、升学深造、出国留学、参军入伍等，作为毕业生到用人单位报到、工作或上学的依据。根据教育部规定，要求毕业生统一使用《全国普通高等学校本专科毕业生就业报到证》或《全国毕业研究生就业报到证》（以下简称《报到证》）到用人单位就业报到，办理户口、档案迁移手续。为此，我们需要了解毕业生就业签约与派遣方面的有关知识。

第一节　签　　约

签约，即是指毕业生与用人单位经过双向选择达成一致意愿之后，以协议的形式将这种关系确定下来，作为日后毕业生到用人单位就业的书面凭证。

一、《就业协议书》

按照《普通高等学校毕业生就业工作暂行规定》和教育部及各省（市、自治区）的有关规定，毕业生与用人单位达成一致就业意见后，应当与用人单位签订《就业协议书》，并由毕业生、用人单位和学校签字、盖章后各保存一份（某些地方《就业协议书》是四联单，其中还包括院系保存一份），复印件无效。《就业协议书》是普通高等学校毕业生和用人单位在正式确立劳动人事关系前，经双向选择确立就业关系、明确双方权利和义务而达成的书面协议，其作为用人单位确认毕业生相关信息真实可靠和接收毕业生的重要凭据，也是高校编制就业方案、进行毕业生就业派遣的重要依据。原则上，《就业协议书》在毕业生到单位报到后自行终止。

2019 年 11 月 18 日，广东省教育厅发文，从 2020 届毕业生开始推广使用电子就业协议书，停止使用纸质版就业协议书。电子就业协议书将作为统计就业率、制定就业计划和办理各项就业手续的重要依据。电子就业协议书试样如下：

普通高等学校毕业生、毕业研究生就业协议书

协议书编号 2020121215

甲方（用人单位）	单位名称		邮编			
	统一社会信用码或工商注册号		电子邮箱			
	地址					
	联系人		联系电话			
	单位性质		行业			
档案去向信息	户口档案去向		入户地址			
	档案接收单位		接收地址			
	联系人		联系电话		邮编	
乙方（毕业生）	姓名		身份证号		手机号	
	毕业学校		专业		学历	
	生源地				政治面貌	
	毕业时间		家庭联系人		家庭电话	

甲方（用人单位）与乙方（毕业生）双方通过供需见面。双向选择根据《普通高等学校学生就业工作暂行规定》（教字〔1997 号〕达成如下协议：

一、甲方已如实向乙方介绍本单位情况，以及乙方工作岗位情况并通过对乙方的了解、考核，同意录用乙方。乙方已如实向甲方介绍自己情况，并

通过对甲方的了解，愿意到甲方就业并在规定或约定期限内报到。

二、乙方到甲方报到后。双方应按有关法律法规的规定订立劳动合同（聘用合同），并办理有关手续。

三、经甲乙双方协商达成如下条款：

1. 甲方聘用乙方为____________________（岗位），服务期________年，试用期________月，试用期从____________算起，工作地点为____________________。

2. 甲方为乙方提供的工作条件和劳动保护应符合国家有关规定。

3. 乙方被录用后试用期收入为人民币__________元/月，试用期满后由双方共同约定的收入为人民币__________元/月。

4. 甲方为乙方提供的福利包括社会统筹养老保险、医疗保险、工伤保险、生育保险、失业保险和住房公积金（即“五险一金”）等国家规定的福利及____。

5. 双方约定的其他内容____

四、本协议经甲乙双方签字盖章后生效。如有违约，违约方支付约定金额____无____元作为违约金。双方签订后10个工作日之内，由乙方上传备案。学校作为鉴证方审核后加盖学校电子签章。本协议以备案内容为准，甲乙双方可扫描本协议二维码查询备案内容。

<table>
<tr><th colspan="2">甲方（用人单位）</th><th>鉴证登记方（学校）</th></tr>
<tr><td>用人单位或单位
人事部门签章</td><td>地方毕业生就业主管部门
或省直单位上级主管部门签章</td><td rowspan="2">（电子签章）

联系电话：020－61648783</td></tr>
<tr><td>经办人：（公章）
年 月 日</td><td>经办人：（公章）
年 月 日</td></tr>
</table>

广东省高校毕业生就业创业智慧平台　　乙方（毕业生）

微信公众号：广东大学生就业创业　　签名：

甲方盖章前请扫码验证备案内容！　　年 月 日

（一）《就业协议书》的主要内容

（1）毕业生基本情况及意见。包括：姓名、性别、年龄、民族、政治面貌、培养方式、健康状况、专业、学制、学历、家庭地址及应聘意见等。

（2）用人单位情况及意见。包括：单位名称、单位隶属、联系人、联系电话、所有制性质、单位性质、档案转寄详细地址、用人单位意见及用人单位上级主管部门意见等。

（3）毕业生和用人单位约定的有关内容，如工作岗位、工作地点、收入福利、违约金等。用人单位与毕业生如有其他约定条款还可以直接注明在《就业协议书》上或另加附页，只要这些条款不涉及学校的有关规定、不违反国家有关政策，学校是不予干涉的。

（4）学校意见。包括学校联系人、联系电话、邮政编码、学校通信地址、院系意见及学校毕业生就业部门意见等。

《就业协议书》中间列出部分毕业生与用人单位常用的约定条款，用人单位与毕业生如有其他约定条款还可以直接注明在《就业协议书》上或另加附页，只要这些条款不涉及学校的有关规定、不违反国家有关政策，学校是不予干涉的。如考研的学生同时可以找单位，与用人单位签订《就业协议书》，并在协议书上注明“如果考取研究生此协议作废”等字样，对于这种情况学校不作为违约处理。

（二）《就业协议书》的订立原则

1. 主体合法原则

《就业协议书》的主体是毕业生、用人单位和高校，签订《就业协议书》要求三方必须合法。对毕业生而言，一般要取得毕业资格，有毕业证（有的单位或单位所在城市还要求毕业生具有学位证）。如果毕业生未取得结业证或学位证，那么在签约时要提前与用人单位说明，否则在报到时，用人单位可以不予接收而无须承担法律责任。对用人单位而言，必须具有工商注册许可证和税务登记证，有录用指标和录用自主权，否则毕业生可解除协议而无须承担法律责任。对高校而言，应本着公平、公开、公正的原则在用人单位和毕业生之间搭建平台，发布就业信息，监督和指导用人单位和毕业生签约。任何因高校欺瞒行为达成的签约，用人单位和毕业生都可以随时解除协议而无须承担法律责任。

2. 平等协商原则

毕业生和用人单位在签订《就业协议书》时的法律地位是平等的，所有签约条款必须事前商定，达成一致意见。学校不得采用行政手段要求毕业生与用人单位签约。

（三）《就业协议书》的订立程序

签订《就业协议书》的程序一般为：毕业生在协议书上签字，用人单位在协议书上签字盖章，用人单位上级人事主管部门（即有人事接收权的部门）盖章，毕业生在用人单位上级人事主管部门盖章后15日内，将协议书送到所在院系和学校就业管理部门签字盖章，然后将用人单位联交回用人单位。院系、学校联由毕业生所在院系和学校就业管理部门存档，并作为上报就业方案的依据。复印、复制的就业协议书一律是无效，这是维护毕业生就业工作的严肃性、公开性和公平性的重要体现，是实现毕业生顺利就业的重要保障。实行电子就业协议书，毕业生可自行在网上填写、打印，交用人单位签章，网上扫描回传，学校再审核和电子签章、上报。

二、签约注意事项

毕业生与用人单位达成就业意向，在与用人单位签约时，需要注意以下事项。

（一）明确用人单位的户口档案接收权限

毕业生户口档案非常重要，毕业生在与用人单位签约时一定要弄清楚。毕业生户口档案转接手续办理与单位有没有人事接收权有关。如果用人单位有人事接收权，那么毕业生户口可以迁移到用人单位所在城市，档案直接转递到用人单位指定的部门；如果用人单位没有人事接收权，也就是说用人单位没有户口落户权、档案接收权，或者，用人单位不办理毕业生户口档案转接手续，那么毕业生可以通过用人单位所在地人才交流服务机构办理户口档案挂靠，或直接将户口档案转回自己生源所在地城市。

（二）明确就业单位的具体工作部门和工作岗位

毕业生在与用人单位签约前，应充分了解用人单位，了解和搞清楚自己到用人单位将具体被分派到什么部门、从事何种岗位工作，并注明在就业协议书上。否则，可能发生毕业生对用人单位安排的具体部门和工作内容感到意外或不满而不能接受的结果，以致造成双方争议。

（三）明确工作内容和工资标准

毕业生到用人单位工作具体做什么、所获得的薪酬福利待遇有多少，社会保险有无按国家规定缴纳，缴费基数是多少等，对刚刚毕业走上工作岗位的毕业生来说非常重要。毕业生在与用人单位签约时，不仅要在口头上达成一致，而且要在文字上予以明确，以免以后发生纠纷。如果毕业生与用人单位只签订了《就业协议书》，那么在毕业生到用人单位报到后，一定要再签订《劳动合同》，并对具体工作内容、工作条件和报酬等予以书面明确。

（四）明确协议解除的条件

毕业生与用人单位一经签约，就对双方具有法律约束力，任一方不得随意解除协议，否则应承担违约责任。为此，作为毕业生应慎重签约，事先对有可能出现的解约情况做约定，如毕业生报考了研究生或公务员，可向用人单位说明，并在协议书上注明："本人已参加研究生或公务员考试，如被录取，协议无效。"一旦被录取，既能取得用人单位谅解，又保护协议双方的利益。毕业生可依约解除协议，而无须承担违约责任，避免产生经济损失或其他争议。

（五）明确违反协议的责任

针对毕业生与用人单位签订《就业协议书》，可以约定违约金。教育部关于《普通高校毕业生就业工作暂行规定》中，明确毕业生与用人单位在签订《就业协议书》后发生违约的，将按就业协议书的有关条款办理，并依法承担赔偿责任。对此，毕业生在与用人单位签约前，除了学校的规定外，还要与用人单位进行协商，对可能发生的违约责任予以确定，对赔偿金额予以明确，以便任何一方发生违约时，就有据可依，避免无谓的损失。

签约，可以使用教育部制定，省、自治区、直辖市毕业生就业主管部门统一印发的《高等学校毕业生就业协议书》（以下简称《就业协议书》），也可以使用用人单位印制的《劳动合同》或就业协议书（合同）。目前，也有一些用人单位与毕业生签约使用《就业协议书》时，附加上有关劳动合同的内容，进一步明确用人单位与毕业生之间的权利和义务。

签约一般由毕业生与用人单位双向选择，自主确定。只要毕业生与用人单位达成就业意向并签约，就具有法律效力。为此，毕业生应该正确认识和严肃对待签约，慎重签订《就业协议书》或《劳动合同》等。

第二节　毕业生派遣

为做好普通高等学校（含研究生培养单位）毕业生就业工作，更好地为经济建设和社会发展服务，维护毕业生和用人单位的合法权益，教育部制定《普通高校毕业生就业工作暂行规定》，对全国高等学校毕业生就业工作程序和时间安排做出统一部署，各地方高校毕业生就业主管部门和高等学校按照国家下达的就业计划派遣毕业生。

一、调配与派遣有关政策规定

派遣毕业生统一使用《全国普通高等学校本专科毕业生就业报到证》和《全国毕业研究生就业报到证》（以下简称《报到证》），《报到证》由教育部印制，授权地方高校毕业生就业主管部门审核签发，特殊情况可由教育部直接签发。毕业生派遣有关政策规定如下：

（1）定向生、委培生按合同就业。

（2）对于华侨和来自港澳台地区的毕业生愿意留大陆工作的，学校可根据国家有关规定提供必要的帮助。

（3）免试推荐和考取硕士、博士研究生的毕业生，在学校就业计划上报后提出不再攻读的，应回家庭所在地就业。

（4）申请自费出国（出境）的毕业生，经批准后，学校不再负责其就业。派遣时未获准出境的，学校可将其户口、档案等关系转家庭所在地自谋职业。

（5）结业生由学校向用人单位推荐或自荐，找到工作单位的，可以派遣，但必须在《报到证》上注明“结业生”字样，在规定时间内无接收单位的，学校将其户口、档案等关系转至家庭所在地（家居农村的可保留非农业户口），自谋职业。

（6）毕业生在派遣前因身体原因不能坚持正常工作的，可以办理休学，一年内治愈的（须经学校指定县级以上医院证明能坚持工作的）可以随下一届毕业生就业，一年后仍未治愈或无用人单位接收的，户口、档案等关系转至家庭所在地，按社会待业人员办理。

（7）毕业生报到后，发生疾病不能坚持正常工作的，按在职人员有关规定处理，不得把上岗后发生疾病的毕业生退回学校。

（8）毕业生就业后，其工资标准和福利待遇按国家有关规定执行，工龄从报到之日计算。

（9）有下列情形之一者，由学校报到地方毕业生就业主管部门批准，不再负责其就业，学校将其户口和档案转至家庭所在地，按社会待业人员处理：

①不顾国家需要，坚持个人无理要求，经多方教育仍拒不改正的；

②自派遣之日起，无正当理由超过三个月不去就业单位报到的；

③报到后，拒不服从安排或无理要求被用人单位退回的；

④其他违反毕业生就业规定的。

二、《报到证》

《报到证》由教育部统一印制，各地方高校毕业生就业主管部门签发，纳入国家就业计划的毕业生所持有的有效就业报到凭证。《报到证》分上下两联（正本和副本），正本由毕业生持有，作为到就业单位报到的凭证。副本由毕业生所属学院或地方高校毕业生就业主管部门负责放入毕业生的档案，作为就业单位人事主管部门存档的凭证。报到证式样如下：

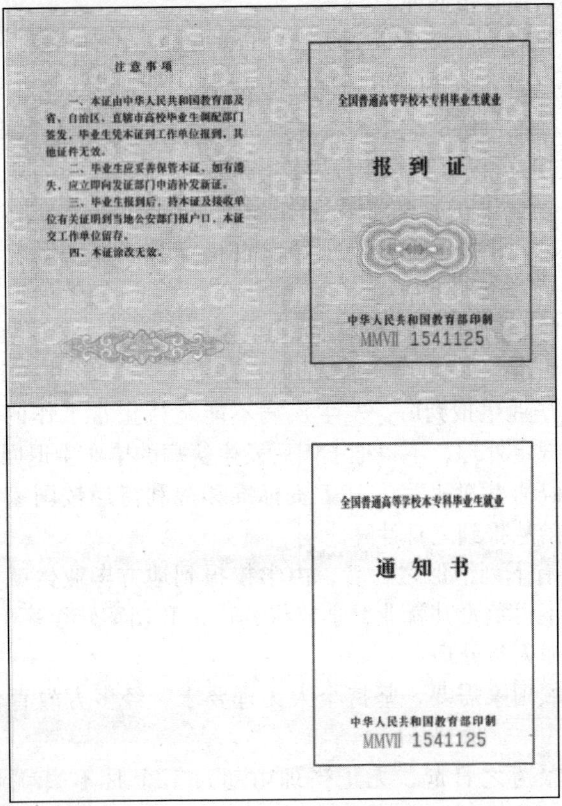
注意事项

一、本证由中华人民共和国教育部及省、自治区、直辖市高校毕业生调配部门签发，毕业生凭本证到工作单位报到，其他证件无效。

二、毕业生应妥善保管本证，如有遗失，应立即向发证部门申请补发新证。

三、毕业生报到后，持本证及接收单位有关证明到当地公安部门报户口，本证交工作单位留存。

四、本证涂改无效。

全国普通高等学校本专科毕业生就业

报 到 证

中华人民共和国教育部印制

MMVII 1541125

全国普通高等学校本专科毕业生就业

通 知 书

中华人民共和国教育部印制

MMVII 1541125

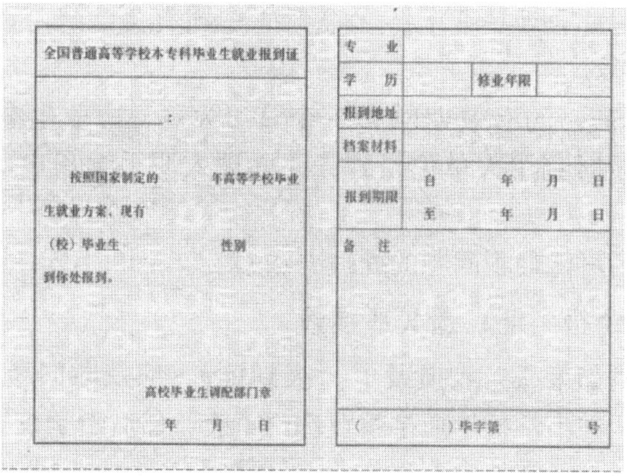

全国普通高等学校本专科毕业生就业报到证

________：

按照国家制定的 年高等学校毕业生就业方案，现有 (校)毕业生 性别 到你处报到。

高校毕业生调配部门章

年 月 日

专 业			
学 历		修业年限	
报到地址			
档案材料			
报到期限	自 年 月 日 至 年 月 日		
备 注			

( )毕字第 号

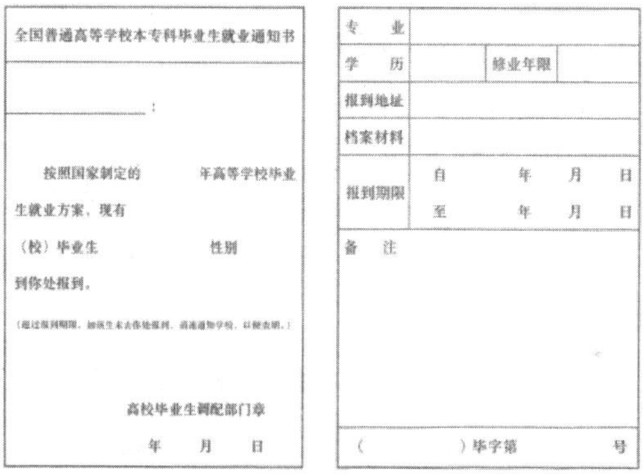

全国普通高等学校本专科毕业生就业通知书

________：

按照国家制定的 年高等学校毕业生就业方案，现有 (校)毕业生 性别 到你处报到。

（超过报到期限，如该生未去你处报到，请速通知学校，以便查明。）

高校毕业生调配部门章

年 月 日

专 业			
学 历		修业年限	
报到地址			
档案材料			
报到期限	自 年 月 日 至 年 月 日		
备 注			

( )毕字第 号

《报到证》是毕业生到就业单位报到的凭证，也是毕业生参加工作时间的初始记载和凭证。很多毕业生不把《报到证》当回事，认为就是一张“介绍信”，殊不知，《报到证》是存入个人档案的必备材料，其作用有：

（1）单位凭《报到证》为毕业生办理干部身份确认、转正定级及相关工作手续。

（2）毕业生参加工作时间的初始记载和凭证。

（3）证明此毕业生是纳入国家统一招生计划的学生。

（4）学校凭《报到证》为毕业生办理户口、档案及组织关系等迁移手续。

（5）公安部门凭《报到证》为毕业生办理落户手续。

（6）自主创业毕业生持《报到证》到有关部门可以办理相关费用减免手续。

《报到证》的有效期限为一个月。为此，毕业生拿到《报到证》后要及时到用人单位报到，并办理入职手续和户口、档案迁移手续。

对报到可能遇到问题的处理方法：

（一）《报到证》遗失或损毁

毕业生如果遗失或损毁了《报到证》，应及时向所属学院/系提出申请，并报学校毕业生就业部门审查，然后由学校毕业生就业部门上报学校所在地毕业生就业主管部门补办。

（二）毕业生未能按期报到

毕业生因个人原因没能在规定时间到就业单位报到，如果是由于不可抗拒的原因（如生病、自然灾害等）无法按期报到，应采取电话、传真、邮件等方式向就业单位说明情况。如果逾期不报到，又未向就业单位说明或请假的，造成就业单位拒绝接收的后果由毕业生本人负责。

（三）毕业生报到时因就业单位原因被退回

毕业生与用人单位签约具有法律效力，双方均应遵守约定。但是，如果由于就业单位发生了严重变故，如企业破产、停产、转产等原因，而无法继续接收毕业生时，则单位应出具退函，说明具体情况。毕业生可以重新联系单位就业，学校负责办理相关改派手续。

（四）毕业生报到后被就业单位退回

如果毕业生在报到以后，由于工作表现不好或违反就业单位规定而被单位退回，学校将把该毕业生档案、户口等关系转回其家庭所在地，按社会待业人员处理。2019 年 6 月 12 日，广东省教育厅发文，自 2019 年 8 月 1 日起，毕业生通过“广东大学生就业创业”微信公众号、小程序申请办理电子报到证，电子报到证生成后，学校通过“管理系统”下载打印电子报到证，存入毕业生档案。如果用人单位确实需要纸质报到证的，学校可能报省就业主管部门打印。

三、派遣程序

毕业生资格审查通过后，由各地方高校毕业生就业主管部门对毕业生就业信息库进行初始化（省、自治区、直辖市内生源毕业生派遣到各地级市人力资源和社会保障局或教育局；省、自治区、直辖市外生源毕业生派遣到各省、自治区、直辖市高校毕业生就业主管部门，备注加注到生源所在地级市人力资源和社会保障局）。初始化后，各高校可通过省、自治区、直辖市高校毕业生就业网络进行就业方案上报。毕业生就业方案上报必须依据有效接收证明（下称《接收函》），即有人事接收权的单位同意录用并解决户口、档案等人事关系的证明，下称“接收函”，一般有以下几种形式。

（1）各地市（县、区）人力资源和社会保障局、教育局签发的录用通知书(《接收函》)（在生源地级市落实就业单位除外）。

（2）省直及中央驻粤单位主管部门签发的录用通知书(《接收函》)。

（3）省外单位所在地人事部门签发的录用通知书（《接收函》)（外省毕业生在生源地级市落实单位除外）。

（4）公务员、升学深造录用通知书。

（5）有人事接收权单位盖章的《就业协议书》。

高校依据“接收函”上报就业方案，办理毕业生派遣手续。许多毕业生对“接收函”不是十分清楚，认为用人单位发的调档函就是“接收函”。其实，调档函只是用人单位发给毕业生所在学校调档案的凭证。它可以是用人单位同意接收、在出具接收函后发，也可以是用人单位在待审查毕业生时发。现实中一些公务员考试或研究生考试在通过笔试后，单位会先发调档函，主要是对毕业生进行政审，如果政审或其他条件未通过，毕业生也不会被录用或接收，档案也将被退回。毕业生一般在与用人单位签约后等拿到“接收函”才办理相关派遣手续。

毕业离校时未落实工作单位或未取得“接收函”的毕业生，本人要求户口和档案保留在学校的，按教育部规定可保留两年。某些地方高校就业主管部门规定，如广东省实行择业期政策，将毕业离校时未落实工作单位或未取得“接收函”的毕业生先派遣回生源地，等毕业生在规定期间内落实就业单位并取得了“接收函”，再办理调整改派手续。

生源地：一般指学生的实际户籍所在地，多数为其家庭户籍所在地。正确辨别毕业生的生源地，可以减少毕业生就业派遣错误，提高就业工作质量和工作效率。

无论户籍是否迁入学校，如果家庭所在地A地与其招生名册上的入学前报考地不一致都需要出具公安机关户籍证明，更正生源地信息，以免最后办理户口迁移手续时无法落户。生源地主要用于没有落实就业单位或要求派遣回家庭所在地的毕业生办理户口和档案迁移，对已落实工作单位（取得《接收函》）的毕业生，其户口和档案直接转到工作单位所在地，生源地变不变更没有任何意义。

随着高校扩招，毕业生选择灵活就业和到中小企业就业的数量不断增大，而这些单位多数没有人事接收权，不能办理毕业生人事关系转接手续，甚至有的单位虽有人事接收权但因暂无编制而只聘用等原因，不为毕业生办理人事关系转接手续。在这种情况下，毕业生可委托单位所在地或生源所在地地级市人才服务机构办理户口、档案等人事关系转接手续。毕业生在规定时间内没有拿到《接收函》的，可以先申请暂缓就业（暂不派遣）。

灵活就业：即指在劳动时间、收入报酬、工作场所、保险福利、劳动关系等方面不同于建立在工业化和现代工厂制度基础上的传统主流就业方式的各种就业形式的总称，具体可指以非全日制、临时性和弹性工作等灵活形式就业人员。灵活就业形式主要有以下几种类型：非正规部门就业，即劳动标准（劳动条件、工时、工资、保险福利待遇）、生产组织管理及劳动关系运作等均达不到一般企业标准的用工和就业形式，主要是指小型企业、微型企业和家庭作坊式就业。如自营劳动者，包括自我雇佣者（自谋职业）和以个人身份从事职业活动的自由职业者等；家庭帮工，即那些帮助家庭成员从事生产经营活动的人员；临时就业，包括非全日工、季节工、劳务承包工、劳务派遣工、家庭小时工等一般工作。

毕业生就业派遣与毕业生的切身利益紧密相关，有回生源地、跨生源地、省直及中央驻地方单位就业，有升学深造、出国（出境）、入伍、延期毕业的，等等，毕业生应该主动了解院校上级就业主管部门有关就业派遣程序，做到心中有数。

2019 年 3 月 18 日，广东省教育厅、广东省公安厅、广东省人力资源和社会保障厅联合发文《关于实行广东省普通高等学校毕业生就业择业期政策（试行）的通知》（粤教毕［2019］3 号），为高校毕业生营造宽松的就业环境，给予高校毕业生与用人单位更多双向选择的机会，吸引更多优秀人才来粤工作，促进高校毕业生更高质量和更充分就业，在广东省改革原有的暂缓就业政策，实行就业择业期政策。广东省毕业生派遣流程如下：

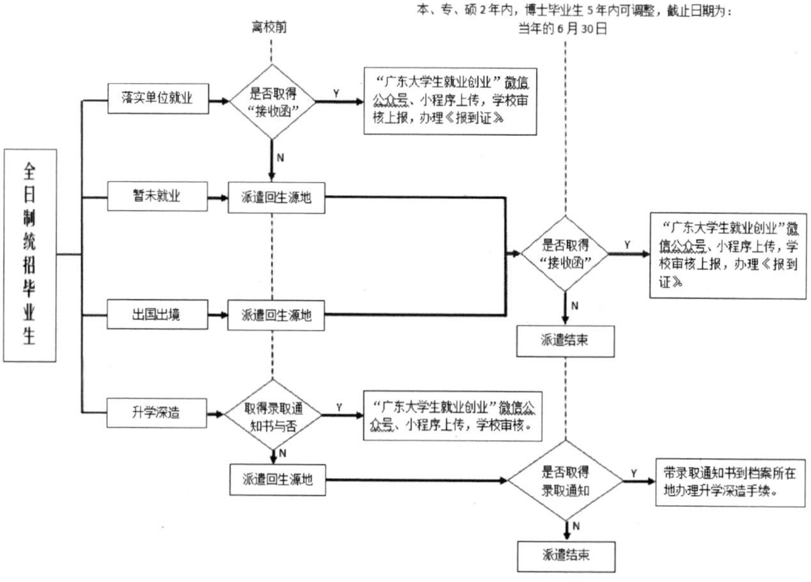

图 8－1　广东省毕业生派遣流程图

四、暂缓就业

毕业生由于某种原因暂不能按期办理派遣手续的，可以申请暂缓就业，经学校就业主管部门同意并报省（自治区、直辖市）毕业生就业主管部门批准后，毕业生领取并签订《暂缓就业协议书》，学校将暂缓就业毕业生档案移送省（自治区、直辖市）毕业生就业主管部门，暂缓就业开始生效。暂缓就业最长期限为2年（截止日期为毕业生毕业后第二年的6月30日），在此期间内，毕业生可以随时携带《暂缓就业协议书》《接收函》（回生源地的可书面说明）到省（自治区、直辖市）毕业生就业主管部门取消暂缓就业，按应届毕业生派遣程序办理就业报到手续。暂缓就业期间，毕业生档案由省（自治区、直辖市）毕业生就业主管部门免费托管，户口暂不迁移，党（团）材料暂留学校，毕业生应定期回学校缴纳党（团）费。暂缓就业期满2年仍未办理取消暂缓就业手续的毕业生，应在毕业后第二年的7月初回学校领取《报到证》，凭《报到证》查询档案，办理户口、档案等相关材料转接手续。否则，出现不能落户或档案遗失等问题，责任由毕业生本人自负。

广东省2019年起，实行毕业生择业期政策。毕业生离校前尚未落实就业去向的，或已落实就业去向但仍在办理相关手续（如体检、政审等）的，可派遣回生源地，档案、党（团）组织关系随迁生源地，也可根据学生意愿填报就业方案设置为“暂不派遣”，户口、档案在学校保留最长两年时间，待就业接收手续办理完毕后再申请派遣或改派。

暂缓就业（暂不派遣）申请对象为：

（1）未落实就业单位的毕业生。

（2）已经与用人单位签订《就业协议书》，但仍等待用人单位上级人事主管部门签章，或委托办理人事关系转接手续等待人事接收权单位签章的毕业生。

（3）报考公务员、专插本、研究生尚未拿到录取通知书的毕业生。

（4）自主创业、灵活就业尚未委托办理人事关系转接手续，或委托办理过程中尚未拿到人事接收权单位签章的毕业生。

外籍学生、港澳台学生、毕业前申请自费出国（出境）的学生及结业生、休学、退学等未取得毕业资格的学生不得申请暂缓就业。

申请暂缓就业对毕业生来说，既有有利的一面，也有不利的一面。有利方面：

（1）暂缓就业期间内，毕业生相当于应届毕业生，可作为应届毕业生参加某些单位应聘或报考公务员，学校继续提供发布就业信息和推荐就业等服务。

（2）报考升学、公务员暂时没拿到录取通知书，确实暂时没有落实就业单位或暂时没取得《接收函》的毕业生，可以有一定的时间办理相关手续，不必担心被派遣，户口、档案被转回家庭所在地。

（3）自主创业、灵活就业尚未办理人事关系转接手续的毕业生，可以有充足的时间重新选择就业方式。

广东省实行毕业生就业择业期政策，本专科、硕士研究生择业期为两年，博士研究生择业期为五年，毕业生不管选择了派遣和暂不派遣，在择业期内都相当于应届毕业生，学校和广东省就业主管部门继续提供就业相关服务。

不利的方面：

（1）身份尴尬。申请暂缓就业的毕业生，虽然相当于应届毕业生，但毕竟不是应届毕业生，如果与下一届应届毕业生竞争就业岗位，容易被用人单位误解为能力水平或其他方面有问题。有的单位在招聘时还仅限当年的应届毕业生报名，暂缓就业的毕业生往往被拒之门外。

（2）工龄、社会保险缺失。毕业生领取《报到证》，办理人事关系转接等相关手续，由人事接收权单位办理毕业生干部身份确认、工龄计算、社会保险登记账户等，暂缓就业期间不计算工龄。

（3）办理有关证明受限。暂缓就业期间，如果毕业生需要办理与就业、升学无关的证明（如结婚证、流动人口生育证、待业失业证等）及申请自费出国（出境），必须先取消暂缓就业，办理户口、档案迁移后，在户口所在地办理。

因此，毕业生在选择暂缓就业的时候，应充分考虑自己的实际情况，根据暂缓就业的利与弊谨慎选择。

毕业生申请暂缓就业完全是出于毕业生的自愿行为。在学校就业主管部门规定的日期内，毕业生落实了就业单位，但没有拿到人事《接收函》，或者还没有确定户口、档案落在就业单位所在地还是落在生源地，可以申请暂缓就业；毕业生没有落实就业单位可以申请暂缓就业，也可以不申请暂缓就业而选择派遣回生源地。

毕业生申请暂缓就业后，可以随时取消暂缓就业。毕业生在学校将其档案转递到上级毕业生就业主管部门托管前取消暂缓就业，由学校就业主管部门上报就业方案，办理派遣手续，转寄毕业生档案，毕业生在学校领取《报到证》，根据《报到证》办理户口迁移手续；毕业生在学校将其档案转递到上级毕业生就业主管部门托管后取消暂缓就业，由自己去学校上级毕业生就业主管部门办理派遣手续，领取《报到证》，根据《报到证》办理户口迁移手续，档案由学校上级毕业生就业主管部门转寄。随着就业管理服务网络化的发展，毕业生就业协议书和电子报到证的推广，毕业生办理派遣相关手续可网上申请和下载打印，无须上门办理。

五、调整改派

教育部规定毕业生在派遣过程中出现特殊情况需要调整改派的，由学校就业主管部门审核同意后，报学校所在地高校毕业生就业主管部门办理。毕业生调整改派须在一年内办理，逾期不再办理有关调整改派遣手续。毕业生就业后的调整按在职人员有关规定办理。

毕业生改派是指学校上报就业方案经上级毕业生就业主管部门

审批发放《报到证》后，毕业生因落实新的就业单位需要重新换发《报到证》。广东省实行择业期政策

毕业生离校前尚未落实就业去向，按照政策回生源地派遣，档案、党（团）组织关系迁回生源地的；毕业生离校后在择业期内落实或变更就业去向的，都可以办理调整改派，按照应届毕业生办理报到证和档案、党（团）组织关系迁移等手续。

毕业生改派需要提供的材料为：

（1）原就业单位解约函（终止劳动关系证明），如报到证派遣回生源地则提供生源地就业主管部门同意改派证明（外省生源同类情况可不提供）；

（2）新接收单位的就业主管部门同意接收证明（“接收函”，回生源地可不提供），如接收证明上没有注明具体就业单位，还需要提供与就业单位签订的就业协议或劳动合同；

（3）原派遣单位《报到证》（电子报到证可不提供）；

（4）本人改派申请及毕业学校就业主管部门审批意见。

思考与讨论：

1. 2018 届生物统计专业深圳生源毕业生苏某，同年 6 月初申请暂缓就业，6 月中旬与深圳市海王星辰医药有限公司签约，毕业后去公司上班，但没有办理暂缓就业取消手续。请问如果是你，你会签订暂缓就业协议书吗？如果打算 2019 年报考研究生或参与应届生报考公务员呢，办理暂缓就业与不办理暂缓就业各有什么利弊？

2. 浙江杭州生源护理本科毕业生陈某与广州市第十二人民医院达成就业意向，就业协议书中用人单位处已经签字盖章。请问如果她希望领取开到广州的《报到证》，必须办理哪些派遣手续？如果她打算在广州工作一段时间后再回家乡发展，希望《报到证》开回生源地，应该怎么办理派遣手续？

3. 2019 届湖北生源结业生张某，派遣性质按结业生不纳入就业方案上报。一年后，张某通过考试取得毕业证和学位证，并落实了就业单位，请问张某应该如何办理派遣手续？落实就业单位的时

间对派遣有什么影响？如果张某2021年6月30日前仍未取得毕业证、学位证，他需要怎样办理人事关系转接手续？

2019届卫生经济学专业毕业生蒋某，于2019年6月份申请自费出国留学，请问该学生如何上报就业方案，档案、户口等人事关系将如何办理？

第九章　就业权益保障

学习目标：

1. 了解毕业生就业过程中享有的权益与应履行义务。
2. 熟悉就业相关法律知识。
3. 掌握人事代理与社会保险的办理途径。

随着高校扩招，毕业生数量剧增，而毕业生就业市场发展还不尽成熟，高校毕业生就业工作有关法律法规和制度尚不健全，毕业生就业权益受到侵害的现象时有发生。毕业生在就业过程中自身权益遭受侵害，可以通过向学校毕业生就业主管部门和学校反映，实施保护。学校就业主管部门直接负责毕业生就业各项具体工作，可以通过制定相应的措施来保护毕业生的权益，并对侵犯毕业生权益的行为予以抵制和处理。学校作为国家就业政策方针具体实施细则的制定者，可以通过制定各项政策规定来规范毕业生就业工作，维护毕业生就业权益。

但是，毕业生就业权益最重要的还是要依靠毕业生学会自我保护。为此，毕业生应加强就业维权意识教育，充分了解国家关于毕业生就业的有关方针、政策和有关劳动法律法规，熟悉毕业生在就业过程中的权益和义务，这是毕业生权益自我保护的前提。如果在就业过程中发生用人单位侵犯自身就业权益的行为，毕业生有权向用人单位上级主管部门和学校进行申诉并听取他们的处理意见，同时可以依据法律法规手段，维护自己的合法权益，来保障自己的合法权益免遭侵害。

第一节　毕业生的权益和义务

为了维护广大毕业生的合法权益，国家在《普通高等学校毕业生就业工作暂行规定》、《中国教育改革和发展纲要》、《劳动法》、《中华人民共和国劳动合同法》（以下简称《劳动合同法》）、《合同法》、《劳动争议处理暂行规定》、《人才市场管理暂行规定》《就业服务与就业管理规定》等法律法规和政策中规定了毕业生在就业过程中的权益，以及应履行《就业服务与就业管理规定》的义务。

一、毕业生享有的权益

毕业生作为就业过程中的一个重要主体，主要享有的权益有以下几点：

（一）就业平等权

就业平等权即毕业生不因民族、年龄、性别、学历、语言、宗教信仰、财产、户籍、家庭和其他身份等差异，平等地享有就业的权益。就业平等权是平等权在就业方面的具体化。就业，按照国际劳工组织的定义，就是达到国家规定年龄阶段的人们从事的获取劳动报酬或者赚取利润的活动。因此，就业平等权作为一种具体平等权，是毕业生平等获得就业机会和就业报酬的权益，具体包括就业机会平等、就业条件平等和就业结果平等。

就业平等权要求毕业生与用人单位在就业过程中应平等协商，用人单位在招聘时不得歧视，要采取一视同仁的政策，不允许存在不合理的差别待遇。当然，在毕业生就业方面，就业平等权并不是不允许差别存在，它允许以毕业生的劳动能力、工作经验、工作水平、专业技术等职位所需的条件作为岗位录用的条件，这是合理的差别待遇，并不违反平等权。

（二）自主选择权

改革开放以来，随着政治、经济、教育和劳动人事制度的不断调整和改革，高校毕业生就业制度也进行了深入的变革，目前国家建立了“市场导向、政府调控、学校推荐、学生与用人单位双向选择”的就业工作制度，高校毕业生在国家就业方针、政策指导下按照“供需见面、双向选择、自主择业”的就业模式下解决自己的工作问题。毕业生只要符合国家的就业方针、政策规定，就业可以自主地选择用人单位，任何单位和个人都不得干涉，任何强行要求毕业生到某单位就业的行为都是侵犯毕业生自主选择权的行为。

（三）获取信息权

就业信息是毕业生顺利就业的前提和基础。随着我国逐步进入信息时代，信息的作用越来越突出，尤其是在就业环境日趋激烈的今天，对毕业生来说，只有充分拥有丰富、及时的就业相关信息资源，才能结合自身情况选择适合自身发展的用人单位。毕业生获取信息权，要求各高校、政府人力资源和服务机构及用人单位在发布就业信息方面应做到及时和全面面向全体毕业生公开，要保证就业信息的准确、真实和有效。毕业生有权从学校就业有关部门了解国家就业工作方针、政策形势及各项规定，有权获取就业指导信息，有权全面了解用人单位招聘需求信息，任何单位和个人不得隐瞒或截留毕业生就业信息。

（四）接受指导权

接受就业指导与服务是每个毕业生享有的权益。《普通高等学校毕业生就业工作暂行规定》（教学〔1997〕6 号）第二章职责分工中将各级教育主管部门和高校组织开展毕业教育和就业工作作为一条主要职责；第四章明确毕业生就业指导是高校教学工作的一个重要组成部分。劳动和社会保障部公布自 2008 年 1 月 1 日起实施的《就业服务与就业管理规定》，根据 2018 年 12 月 14 日《人力资源社会保障部关于修改部分规章的决定》（第三次修订），在第四章中对公共就业服务机构的职业指导工作内容做了详细规定。毕业生应充分利用该权利通过学校就业指导中心、公共就业服务机构获得职业指导，帮助自己早日找到适合的职位。

（五）被推荐权

《普通高等学校毕业生就业工作暂行规定》中规定高校的一条重要职责就是负责收集需求信息，开展毕业生就业供需见面会和双向选择活动，负责毕业生的推荐工作。每位毕业生都享有被学校推荐就业的权益。目前高校在推荐毕业生就业方面使用的书面材料是《普通高校毕业生就业推荐表》（简称《就业推荐表》），学生根据自己的实际情况如实填写，学校学籍部门出具成绩单，学院（系）和学校就业部门签署意见并盖章（原件只有一份，毕业生求职应聘时可使用复印件），对每位毕业生按照优生优用、人尽其才的原则，进行公正、公平、如实、择优的推荐。如实推荐，即高校推荐毕业生时应实事求是向用人单位介绍，不能故意贬低或随意拔高毕业生在校的表现；择优推荐，即高校根据毕业生在校表现选择推荐优秀的毕业生，激励学生在校努力全面提高各项能力、提高就业竞争力。

（六）违约及索赔权

毕业生在与用人单位签约后，如果由于某些特殊原因，双方都可以有违约权和索赔权。如果用人单位在签约后没有按要求履行义务，无故要求解约，毕业生有权要求对方承担违约责任，并提出赔偿要求。当然毕业生也是一样，在签约后发生主动毁约而没有履行义务的，也应当承担违约责任。因此，毕业生在与用人单位签约时，要慎重考虑，双方要明确规定支付违约金的条件和金额，以便在任何一方发生违约时能够真正保护双方的正当权益。

二、毕业生的义务

毕业生在享有就业权益的同时，也必须履行一定的义务。

（一）服从国家需要的义务

虽然毕业生在一定的范围内享有自主选择的权益，但并不是说不服从国家需要。《普通高等学校毕业生就业工作暂行规定》中提出，毕业生有执行国家就业方针、政策和根据需要为国家服务的义务。毕业生应根据国家的就业方针、政策和社会需要，承担一定的义务，尤其是当国家重点建设项目或某些行业、地区急需人才的时候，毕业生应有义务服从国家的需要，为国家重点建设工程或项目服务，如近年来国家有关部门出台的“西部计划”“三支一扶计划”“大学生入伍预征工作”等。

（二）如实介绍自己的义务

毕业生在向用人单位介绍自己、自我推荐时，应实事求是，如实反映自己，不得弄虚作假。用人单位在招聘毕业生时一般对毕业生简历进行初次筛选之后，还将通过笔试、面试考核才决定是否录用，即使录用了，在毕业生到就业单位报到后，一般还须签订《劳动合同》，按照《劳动合同法》规定，用人单位一旦发现毕业生提供的信息有虚假，随时都可以解聘毕业生，而不需要承担违约责任。即便用人单位不解聘该毕业生，该毕业生也将会失去用人单位的信任而不受到用人单位重用。

（三）配合就业工作的义务

按照教育部《普通高等学校毕业生就业工作暂行规定》的要求，各高校在毕业生离校前，要实事求是地对毕业生做出组织鉴定。毕业鉴定主要包括毕业生在校期间德、智、体等各方面的基本情况，这些基本情况要按照档案管理的有关规定，认真核对无误后归档。针对此项要求，毕业生应认真总结，积极配合，切实履行义务，服从学校、院系就业工作的安排和管理，完成学校院系就业工作有关任务和事项。

（四）履行就业协议的义务

毕业生与用人单位通过双向选择达成就业意向后，一般要签订就业协议，以书面形式确定下来。就业协议属于我国民法调解的范畴，要求主体之间在履行合约时应遵行诚实守信、公平公正的原则，任何一方不得无故违约。协议书一经签订对双方都具有法律约束力，双方都应履行各自的义务，任何一方不履行义务而发生违约的，要承担违约责任。因此，毕业生要慎重签约，已经签约的，就要信守诺言、言行一致，严格按照就业协议的约定履行自己的义务。

（五）按时报到就业的义务

《普通高等学校毕业生就业暂行规定》中要求，毕业生持《报到证》到工作单位报到。自派遣之日起，无正当理由超过三个月不到就业单位报到的，或报到后拒不服从安排、无理要求被用人单位退回的，由学校报上级主管部门，不再负责其就业，按社会待业人员处理。某些地方高校毕业生就业主管部门签发的《报到证》有效期限为一个月。因此，毕业生离校时应弄清自己的《报到证》状态，及时领取并办理离校手续，到用人单位报到。

第二节　就业相关法律知识

一、《劳动合同法》

根据《劳动合同法》的规定，用人单位自用工之日起即与劳动者建立劳动关系，劳动者与用人单位确立劳动关系，应当订立书面《劳动合同》。《劳动合同》是劳动者与用人单位依法确立劳动关系，明确双方权利和义务的书面协议。《劳动合同》由用人单位与劳动者协商一致，并经双方在《劳动合同》文本上签字或者盖章后生效。

根据《劳动合同法》的规定，用人单位与劳动者已建立劳动关系，未同时订立书面《劳动合同》的，应当自用工之日起一个月内订立书面《劳动合同》；用人单位与劳动者在用工之前订立劳动合同的，劳动关系自用工之日起建立；用人单位自用工之日起超过一个月不满一年未与劳动者订立书面劳动合同的，应当向劳动者每月支付二倍的工资；用人单位招用劳动者，不得扣押劳动者的居民身份证和其他证件，不得要求劳动者提供担保或者以其他名义向劳动者收取财物，对违反规定的，由公安部门和劳动保障行政部门责令用人单位立即退还给劳动者本人，并依照有关法律规定给予处罚。

《劳动合同法》关于试用期规定，劳动合同期限三个月以上不满一年的，试用期不得超过一个月；劳动合同期限一年以上不满三年的，试用期不得超过二个月；三年以上固定期限和无固定期限的劳动合同，试用期不得超过六个月。同一用人单位与同一劳动者只能约定一次试用期。以完成一定工作任务为期限的劳动合同或者劳动合同期限不满三个月的，不得约定试用期。试用期包含在劳动合同期限内。劳动者在试用期的工资不得低于本单位相同岗位最低档工资或者劳动合同约定工资的百分之八十，并不得低于用人单位所在地的最低工资标准。劳动者在试用期内解除劳动合同，只需提前三日通知用人单位；在试用期外解除劳动合同，需要提前三十天书面通知用人单位。

《劳动合同》是劳动者实现劳动权的重要保障，是用人单位合理使用劳动力、巩固劳动纪律、提高劳动生产率的重要手段，是减少和防止发生劳动争议的重要措施。为此，毕业生与用人单位确立劳动关系，应该订立《劳动合同》。这样，一旦发生劳动纠纷、争议，就有了法律依据。

毕业生在与用人单位签订《劳动合同》时要仔细研究条款中的每项内容，明确劳动合同期限、工作内容、劳动报酬、数额、支付方式、社会保险金、福利待遇、违反《劳动合同》的责任等与自身利益密切相关的条款。

劳动合同期限。合同期限分为三种：一是固定期限，是指用人单位与劳动者约定合同终止时间；二是无固定期限，是指用人单位与劳动者约定无确定终止时间；三是以完成一定的工作为期限，是指用人单位与劳动者约定以某项工作的完成为合同期限。《劳动合同法》规定，用人单位与劳动者协商一致，可以选择订立上述任何一种形式的劳动合同。但有下列情形之一，应当订立无固定期限劳动合同（除劳动者提出订立固定期限劳动合同）：

（1）劳动者在该用人单位连续工作满十年的；

（2）连续订立二次固定期限劳动合同，且劳动者没有（在试用期被证明不符合录用条件的、严重违反用人单位的规章制度的、劳动者患病或者非因工负伤，在规定的医疗期满后不能从事原工作，也不能从事由用人单位另行安排的工作的、劳动者不能胜任工作，经过培训或者调整工作岗位，仍不能胜任工作的）四种之一情形，续订劳动合同的；

用人单位自用工之日起满一年不与劳动者订立书面劳动合同的，视为用人单位与劳动者已订立无固定期限劳动合同。

（1）工作内容。用人单位根据生产和工作的需要及劳动者的能力和表现约定劳动者工作任务，包括确定劳动者的岗位责任、工作数量及工作质量等。

（2）劳动保护和劳动条件。用人单位与劳动者双方约定的工作时间、休息休假和定期的身体健康状况检查规定，各项劳动安全与卫生制度，劳动保护措施以及用人单位为不同岗位劳动者提供的特殊劳动工作条件等。

（3）劳动报酬。用人单位与劳动者双方约定劳动者的标准工资、加班加点工资、奖金、补贴的数额以及支付的时间、支付的方式等。

（4）保险和福利。按照国家规定的各项社会保险待遇、法定节日休假、请休病假和事假待遇，因病或非因公负伤时的救济费等。

（5）劳动纪律。用人单位制定的各项规章制度，包括遵守、违反劳动纪律和规章制度的奖惩。

（6）合同的变更、解除、续订和终止。除法律规定的条件出现外，用人单位与毕业生还可自愿协商，约定变更、解除、续订和终止劳动合同的条款。但应当注意的是，双方约定的条款不得违反国家有关法律规定。

（7）违反责任及其他。用人单位与劳动者双方约定任何一方违反合同中的规定，致使劳动合同无法继续履行，违约方应当承担违约责任，造成损失承担责任范围的赔偿及赔偿金额等。

（二）《劳动合同》的签订原则

1. 合法的原则

合法原则的含义，既包括劳动合同当事人在订立和履行中必须遵守法律，也包括劳动合同当事人必须遵守社会公德，不得违背社会公共利益，违背公序良俗。合法原则具体表现为：《劳动合同》的主体合法、《劳动合同》的内容合法、《劳动合同》订立的程序和形式合法三个方面。主体合法是指签订《劳动合同》的双方必须具备合法资格，劳动者必须达到法定年龄，具有劳动权利能力和劳动行为能力。用人单位应是依法设立的机构组织，具有用人的权利能力和行为能力；内容合法指劳动合同期限、工作内容、劳动保护盒劳动条件、劳动报酬、劳动纪律、《劳动合同》终止的条件、违反《劳动合同》的责任等必备条款必须按符合国家法律、法规；程序和形式合法指《劳动合同》必须有规范的文本。按照我国《劳动法》规定，《劳动合同》必须以书面形式订立，口头合同是无效的。

2. 平等的原则

平等原则是指劳动合同的当事人在合同关系中的法律地位平等，用人单位不得将自己的意志强加给劳动者。与《民法》、《合同法》相比，《劳动合同法》上的平等更具有实质性意义，它看到了现实中劳动者与用人单位之间的失衡态势，所以在制度设计中体现出对弱势劳动者一方的偏重保护。如规定用人单位在招用劳动者时，不得扣押劳动者的居民身份证和其他证件，不得要求劳动者提供担保或以其他名义向劳动者收取财物，不得与劳动者约定由劳动者承担的违约金等。

3. 自愿的原则

自愿原则是指《劳动合同》的订立与劳动关系的建立完全出自用人单位与劳动者双方当事人自己的意志，体现出双方当事人的真实意愿。《劳动合同法》上的自愿原则以承认合同当事人的独立人格、意思自由为前提。任何一方不得将自己的意愿强加于对方，也不允许第三者进行非法干预。具体而言，自愿原则包含：《劳动合同》的双方当事人有权按照自己的意志决定订立或不订立《劳动合同》；《劳动合同》的双方当事人有权自由选择同谁订立《劳动合同》；《劳动合同》的双方当事人有权自主约定协商条款的内容；《劳动合同》的双方当事人有权按照法律规定的程序变更或解除《劳动合同》。

4. 协商一致的原则

协商一致原则是指《劳动合同》的订立与劳动关系的建立必须经过用人单位与劳动者双方当事人充分协商，并达成一致意见。劳动合同的双方当事人应明确劳动合同的具体内容，双方当事人有权要求对方解释清楚《劳动合同》列出的条款。

5. 诚实信用的原则

诚实信用原则是指《劳动合同》的当事人应恪守信用，履行义务。用人单位在招用劳动者时，应当如实告知劳动者工作内容、工作条件、工作地点、工作环境及保护条件、工资薪酬，以及劳动者要求了解的其他情况。劳动者在应聘用人单位时应当如实说明自己的情况，所提供的材料真实可信；在解除《劳动合同》后，应协助对方处理合同终止的善后事务。

违反上述原则订立的《劳动合同》视为无效的《劳动合同》，无效《劳动合同》从订立的时候起，就没有法律约束力。确认《劳动合同》部分无效的，如果不影响其余部分的效力，其余部分仍然有效。《劳动合同》的无效，由劳动争议仲裁委员会或者人民法院确认。

（三）《劳动合同》的签订程序

根据《劳动法》的有关规定和实践，签订《劳动合同》的程序是：

1. 签订劳动合同书

劳动合同书要在双方介绍各自的实际情况的基础上签订。用人单位应如实介绍本单位生产、工作环境和条件以及具体生产任务。劳动者应如实介绍自己的专长和身体健康状况。双方经协商，就劳动合同的内容取得一致意见后，签名、盖章。用人单位要盖法人章。劳动者须本人签名或盖本人名章。

2．鉴证《劳动合同》

根据劳动部颁发的《劳动合同鉴证实施办法》（劳力字〔1992〕54号）的有关规定，签订劳动合同时，应由劳动行政部门为当事人提供鉴证，依法审查，证明《劳动合同》的真实性和合法性，以利于《劳动合同》的认真履行，而且一旦发生劳动争议时也便于调解和仲裁。

（四）《劳动合同》签订注意事项

毕业生与用人单位签订《劳动合同》是一件非常严肃认真的事情，不能有丝毫马虎。毕业生在与用人单位签订《劳动合同》时应注意以下几个方面的事项：

（1）充分了解劳动合同有关法律法规。毕业生在签订合同前应充分了解有关保护劳动者合法权益的法律、法规以及相关人事政策，做到心中有数。如《劳动法》《劳动合同法》《中华人民共和国就业促进法》《中华人民共和国劳动争议调解仲裁法》《违反和解除劳动合同的经济补偿办法》等有关法规、政策性文件。

（2）采用书面形式订立劳动合同。采取书面形式订立劳动合同能够使双方的权利和义务明确、具体，有利于促进双方全面履行合同，一旦发生争议，也有据可查，便于争议的解决。为此，毕业生在与用人单位订立劳动合同后，应将原件保存好，以防双方发生争议时举证麻烦。

（3）依法订立劳动合同。只有主体合法、内容合法、形式合法、程序合法的合同才能产生法律效力。不合法的合同，不受法律承认和保护。因此，毕业生要对用人单位的合法性进行认真审核，充分了解用人单位的资质、履约能力和信用等级等，针对某些单位可要求对方提供相应的证明材料，如单位注册法人资质材料、营业执照复印件等。

（4）劳动合同的内容要全面。包括劳动合同中的必备条款和约定条款，尤其是必备条款的内容不要有疏漏。合同内容字句要准确、完整、清晰、易懂，不能用缩写或含糊不清的文字表达。否则就有可能在合同执行过程中产生误解或曲解，甚至带来不必要的争议，给合同双方造成损失。

（5）劳动合同约定的试用期应符合规定。根据《劳动合同法》规定，劳动合同中约定的试用期与劳动合同的期限应一致。

三、《就业协议书》与《劳动合同》的区别

《就业协议书》与《劳动合同》都是用人单位录用大学毕业生时所订立的书面形式的协议，但二者分处在两个相互联系的不同阶段，有着以下区别。

（一）主体不同

目前我国高校毕业生的就业政策是应届毕业生自毕业到领取报到证就业最长有2年期限，在此期限内，毕业生就业由所在高校负责，当毕业生与用人单位签订《就业协议书》，并经学校主管部门鉴证，才纳入就业方案。为此，《就业协议书》主体应包括三方，即毕业生本人、签约用人单位及毕业生毕业院校。而《劳动合同》是劳动者（含应届毕业生）与用人单位确立劳动关系、明确双方权益与义务的协议。《劳动合同》的主体只有劳动者（含应届毕业生）与用人单位，与高校无关。《劳动合同》不需要高校鉴证。

（二）内容不同

《就业协议书》的主要内容包括毕业生基本情况及意见、用人单位情况及意见、学校意见。《就业协议书》中间列出部分可选条款供毕业生与用人单位协商使用，毕业生与用人单位也可以附加一些约定条款，但总体来说比较粗略。《就业协议书》不是确定劳动关系的凭证，一般不涉及毕业生到用人单位报到后所享有的权益和义务。《劳动合同》指用人单位在与劳动者确定劳动关系之后签订的关于双方权益与义务的协议。《劳动合同》的主要内容包括劳动合同期限、工作内容、劳动保护和劳动条件、劳动报酬、劳动纪律、劳动合同终止的条件、违反劳动合同的责任等必备条款及合同双方协商约定的一些可备条款，其内容更为详细、具体。《就业协

议书》替代不了《劳动合同》，签订了《就业协议书》后还必须签订《劳动合同》，以达到保护毕业生合法权益的目的。

（三）时间不同

《就业协议书》作为高校应届毕业生初次找工作时使用的书面材料，一般是在毕业生领《报到证》前使用，《劳动合同》在毕业生报到后才签订。毕业生与用人单位签订了《就业协议书》并不等同于签订了《劳动合同》。按照《劳动合同法》规定，毕业生作为劳动者，与用人单位确立劳动关系之后，要求用人单位自用工之日起，必须与劳动者签订书面劳动合同。为此，毕业生在签订《协议书》并领取《报到证》到用人单位报到后，还须签订《劳动合同》。毕业生领取《报到证》到用人单位报到后，《就业协议书》效力终止，即不再具有法律效用。

（四）法律不同

《就业协议书》签订后发生争议，一般经毕业生、用人单位和学校三方依据现有的毕业生就业政策和法律对合同的一般规定协商后予以解决，如果协商不能达成一致，通常还可以依据《合同法》和《民事通则》（《民法典》）来处理争议。而《劳动合同》签订后发生争议，毕业生和用人单位需要向劳动争议调解委员会或劳动仲裁机构报送，请求处理。劳动者和用人单位依据《劳动法》先进行仲裁，对仲裁不服的，还可以向人民法院起诉，法院主要根据《劳动合同法》来处理争议。

第三节　违约责任与劳动争议

一、违约

毕业生与用人单位经“供需见面”“双向选择”确认后，一般要签约，多数是签订《就业协议书》，其中双方可以约定违约金。国家为维护广大毕业生与用人单位的利益，要求双方在签订《就业协议书》后不得擅自解除，用人单位不得拒收毕业生，毕业生不得随意更换单位，否则要按照就业协议中的规定承担相应的违约责任，缴纳违约金。

违约是毕业生的一项权利。也就是说，毕业生与用人单位签订《就业协议书》后，由于某些特殊原因不能或不适合到已签约单位报到的，可以提出违约。毕业生在学校上报就业方案前提出违约的，须经所在院/系和学校批准。在学校上报就业方案后，原则上毕业生不得再行使违约权利，确系情况特殊的，须报省（直辖市、自治区）毕业生就业主管部门批准。

毕业生到用人单位报到后，自用工之日起与用人单位建立了劳动关系，就应当签订《劳动合同》。按《劳动合同法》规定，除用人单位为劳动者提供专项培训费用，对其进行专业技术培训，并在劳动合同中约定了服务期的，或者，用人单位与劳动者在劳动合同中约定保守用人单位的商业秘密和与知识产权相关的保密事项，并约定在解除或终止劳动合同后，在竞业限制期限内按月给予劳动者经济补偿的，劳动者违反约定应当向用人单位支付违约金，之外，用人单位不得与劳动者约定由劳动者承担违约金。

二、毕业生违约的后果

毕业生只能与一家用人单位签订《就业协议书》，并严格履行协议。从实际情况来看，违约多为毕业生违约，给高校就业工作带来不良后果。

（1）就用人单位而言，用人单位制订招聘计划、组织笔试、面试及检验等付出了大量的人力、物力、财力成本。一般用人单位与毕业生签订《就业协议书》后，甚至对毕业生将要从事的具体工作岗位也有所安排。一旦毕业生因某种原因违约，势必给用人单位造成损失。

（2）就高校而言，毕业生违约，用人单位往往会认为是学校的教育和管理不到位造成的，容易产生对该学校整体毕业生诚信度有看法，对与该学校建立长期合作关系带来一定的不利影响。

（3）就其他毕业生而言，违约会影响其他毕业生的就业，造成就业岗位信息的浪费。用人单位与某毕业生签订《就业协议书》，完成了招聘计划，一般是不会考虑再录用其他毕业生的。如果日后该毕业生违约，也将会影响到其他毕业生的就业。

因此，毕业生在签订《就业协议书》时应慎重考虑，签约后要严格认真履约。

三、《就业协议书》争议的解决

毕业生与用人单位一经签订《就业协议书》，对双方就具有法律约束力。但是，《就业协议书》的主体是三方：毕业生、用人单位、高校，高校作为《就业协议书》鉴证方，必须认可后《就业协议书》才有效。毕业生与用人单位签订《就业协议书》后，如果发生争议，可以通过以下途径解决：

（1）毕业生与用人单位双方协商解决。

（2）学校与毕业生、用人单位共同协商解决。

（3）学校所在地省（直辖市、自治区）毕业生就业主管部门与毕业生、用人单位共同协商解决。

（4）直接向人民法院起诉，通过法律程序解决。

《就业协议书》由各省（直辖市、自治区）毕业生就业工作主管部门统一印制，供高校应届毕业生初次应聘工作时使用。《就业协议书》列举的条款比较简单，存在许多不完善的地方，它不同于《劳动合同》。毕业生持《报到证》到用人单位报到后，还应当与用人单位依照《劳动合同法》的规定签订《劳动合同》。毕业生与用人单位签订《劳动合同》后，如果发生争议，将依据《劳动合同法》劳动争议的解决方法加以解决。

四、劳动争议的解决

（一）劳动争议分类

劳动争议又称劳动纠纷，是指劳动者与用人单位之间因执行劳动法律、法规或履行劳动合同、集体合同而发生的争执。劳动争议按不同标准划分，可分为以下几类：

(1) 按劳动者人数划分。劳动争议分为个人劳动争议和集体劳动争议。个人劳动争议指劳动者个人与其所在用人单位发生的劳动争议。集体劳动争议指劳动者个人在3人以上（含3人），并有共同申诉理由的劳动争议。

(2) 按合同类型划分。劳动争议分为劳动合同争议和集体合同争议。

(3) 按争议内容划分。劳动争议分为：因开除、除名、辞退职工和职工自动离职而发生的争议；因执行国家有关工时、工资、保险、福利、培训和劳动保护的规定而发生的争议；因履行劳动合同、集体合同而发生的争议；法律、法规规定的其他劳动争议。

(二) 劳动争议处理程序

毕业生与用人单位签订《劳动合同》后，如果发生争议，可以通过劳动争议调解委员会、劳动争议仲裁委员会及人民法院来解决，具体处理程序为：

(1) 协商解决。劳动争议发生后，当事人应当协商解决。但是，协商不是处理劳动争议的必经程序，不愿协商的，可以直接申请调解。

(2) 调解。劳动争议发生后，当事人不愿协商或者协商不成的，可以向本单位工会或劳动争议调解委员会申请调解，调解也不是处理劳动争议的必经程序，当事人可以直接向劳动争议仲裁委员会申请仲裁。

(3) 仲裁。调解不成的，可以向所在地劳动行政部门劳动争议仲裁委员会申请仲裁，仲裁是处理劳动争议的必经程序。

(4) 诉讼。当事人对仲裁裁决不服的，可以自收到仲裁裁决书之日起十五日内向人民法院提起诉讼。一方当事人在法定期限内不起诉、不履行仲裁裁决的，另一方当事人可以申请人民法院强制执行。当事人不服法院判决的，可在收到判决书十五天内向中级人民法院上诉。

第四节　人事代理与社会保险

一、人才服务机构与人事代理业务

所谓人事代理，是指经政府人事行政部门批准设立的人事档案管理机构（人才中介服务机构），按照国家有关人事、劳动等政策法规要求，接受用人单位或个人委托，从事各类人事管理有关的事宜。目前各地设立的人才中介服务机构都是各地为了适应经济和社会发展的需要，根据人才市场发展的要求，以书面形式向政府人事行政部门提出申请注册的机构。人才中介服务机构可以从事下列业务：

（1）人才供求信息的收集、整理、储存、发布和咨询服务。

（2）人才信息网络服务。

（3）人才推荐。

（4）人才招聘。

（5）人才培训。

（6）人才测评。

（7）法规、规章规定的其他有关业务。

人才中介服务机构必须经政府人事行政部门授权才能开展人事代理业务。人事代理业务包括：

（1）流动人员人事档案管理。

（2）因私出国政审。

（3）在规定的范围内申报或组织评审专业技术职务任职资格。

（4）转正定级和工龄核定。

（5）大中专毕业生接收手续。

（6）其他需经授权的人事代理事项。

二、人事代理方式

人事代理方式可以由单位集体委托代理，也可由个人委托代理。单位委托人事代理，须向代理机构提交有效证件以及委托书，确定委托代理项目。经代理机构审定后，由代理机构与委托单位签订人事代理合同书，明确双方的权益和义务，确立人事代理关系。个人委托办理人事代理，根据委托者的不同情况，须向代理机构提交有关证件复印件以及代理有关的证明材料。经代理机构审定后，由代理机构与个人签订人事代理合同书，确立人事代理关系。

三、人事代理服务对象

人事代理服务主要是人才中介服务机构受代理对象的委托，根据国家、省、市的人事政策法规，运用社会化服务方式和现代化科学手段，为那些无人事主管单位、不愿接收人事管理权的单位而要求委托人事代理的企事业单位及自费出国、以辞职等方式流动后尚未落实单位的专业技术人员和管理人员，提供档案保管或有关人事管理方面的服务工作。具体来说，人事代理的服务对象为：

(1) 国家机关、企事业单位编制以外聘用的专业技术人员和管理人员。

(2) 外商投资企业、私营企业、股份制企业、民办科技性企业等非国有企业聘用的专业技术人员和管理人员。

(3) 外地驻本地商务代表机构及各类经济组织的专业技术人员和管理人员。

(4) 辞职或被辞退、除名、自动离职的专业技术人员和管理人员。

(5) 与用人单位解除聘用合同、聘用合同或受聘到外地工作的不转户口档案关系的专业技术人员和管理人员。

(6) 毕业后待业的大中专毕业生和毕业研究生。

(7) 党政群机关机构改革分流人员。

(8) 因私出国、自费留学人员。

(9) 转业到非国有企业或自谋职业的军队专业干部。

(10) 其他办理流动手续的专业技术人员和管理人员。

各级人才中介服务机构与委托人事代理的服务对象不发生行政

隶属关系，仅为其代理有关服务事宜。

四、人事代理的主要内容

人事代理服务的内容由人事代理方与委托方协商确定。目前，各省、市、县政府人事行政部门授权的人才服务机构提供高校毕业生人事代理服务的主要内容包括：

（1）管理人事关系和人事档案。

（2）按有关规定代办失业、养老等社会保险业务。

（3）办理应届毕业生身份确认、工龄审核、档案工资调升。

（4）办理应届毕业生见习期满后的转正定级手续。

（5）接转党团组织关系及户口关系。

（6）代办专业技术职务任职资格初定、申报手续。

（7）办理人才流动手续。

（8）出具因公或因私出国、出境、自费留学、考研、婚姻登记和独生子女手续等与人事档案有关的证明材料。

（9）提供人才供需信息，推荐尚未落实就业单位的代理人员就业。

（10）其他人事代理相关业务。

人事代理服务的实行，改变了以往毕业生单一的就业模式，为毕业生提供了更为宽松的就业环境，保证了毕业生充分择业的自由；同时通过人才中介服务机构提供的人事代理服务，使毕业生的人事档案、干部身份、工龄计算、职称评审、社会保险等关系切身利益的问题实现了社会化管理，保障了毕业生的合法权益。

高校应届毕业生如果找到的用人单位是无人事接收权单位，或暂无编制单位，应当与用人单位签订就业协议后就可以到单位所在地政府人事行政部门授权的人才服务机构办理人事代理手续。办理了人事代理，可以视同参加工作，一年后经考核合格转正定级后，可以办理流动手续、申报职称等。如果在用人单位试用不满意，经双方协商同意，毕业生可离开用人单位，再回到人才中介服务机构重新找工作。《劳动合同法》规定，用人单位应当在解除或者终止劳动合同时出具解除或者终止劳动合同的证明，并在十五日内为劳动者办理档案和社会保险关系转移手续。

五、社会保险

社会保险，是国家依法建立的，针对公民社会风险，由国家、用人单位和个人共同筹集资金、建立基金和支付风险补偿的，具有社会契约特征的社会保障制度安排之一。社会保险是国家通过立法强制实行的，对劳动者因年老、工伤、疾病、生育、残废、失业、死亡等原因丧失劳动能力或暂时失去工作时，给予劳动者本人或供养直系亲属物质帮助的一种社会保障制度。

缴纳社会保险不光是劳动者的权益，也是用人单位与劳动者的义务。社会保险包括养老保险、医疗保险、失业保险、工伤保险和生育保险等五个项目。目前，以养老保险、失业保险和医疗保险等为主体的社会保障制度是构成社会保障体系的重要内容。《劳动合同法》规定：用人单位和劳动者必须依法参加社会保险，缴纳社会保险费。对于拒不依法缴纳或延迟缴纳的用人单位，劳动行政部门可以责令其限期缴纳；逾期不缴纳的，可以加收滞纳金。

（一）养老保险

养老保险即国家和社会根据一定的法律法规，对劳动者在达到国家规定解除劳动义务的劳动年龄界限，或因年老丧失劳动能力退出劳动岗位后，给予基本生活的需求。

目前，我国实行社会统筹与个人账户相结合的基本养老保险制度，基本养老保险基金的筹集由国家、单位和个人共同负担。基本养老保险基金实行社会互济，在基本养老金的计发上采用结构式的计发办法，强调个人账户养老金的激励因素和劳动贡献差别。

（二）失业保险

失业保险即对失业的劳动者（指就业转失业的人员，不包括新生劳动力中未实现就业的人员），因失业暂时中断生活来源而给予的基本生活需要。失业保险主要是为了保障有工资收入的劳动者失业后的基本生活而建立的，参保单位不分部门和行业，不分所有制性质，其职工（劳动者）不分用工形式，不分家居城镇、农村，在解除或终止劳动关系后，只要本人符合条件，都有享受失业保险待遇的权利。失业保险是通过国家制定法律、法规来强制实施的。按照规定，在失业保险制度覆盖范围内的单位及其职工必须参加失业保险并履行缴费义务。根据有关规定，不履行缴费义务的单位和个人都应当承担相应的法律责任。

失业保险基金主要来源于社会筹集，由单位、个人和国家三方共同负担。筹集的失业保险费，不分来源渠道，不分缴费单位的性质，全部并入失业保险基金，在统筹地区内统一调度使用以发挥互济功能。

（三）医疗保险

医疗保险即对患病暂时丧失劳动能力的劳动者给予患病期间医疗费用补助及一定的经济补偿。医疗保险主要是为了保障城镇职工的基本医疗而建立的，基本医疗保险费用由用人单位和职工双方共同负担，基本医疗保险基金实行社会统筹和个人账户相结合，逐步形成多层次的医疗保障体系。

（四）工伤保险

工伤保险即因工负伤或因职业病残疾，暂时或永久丧失劳动能力的劳动者给予其工资收入补偿、医疗保健护理、伤残康复及生活照顾等。工伤保险是为了保障因工作遭受事故伤害或者患职业病的职工获得医疗救治和经济补偿，促进工伤预防和职业康复，分散用人单位的工伤风险而制定的。《工伤保险条例》规定，各类企业、有雇工的个体工商户应当按规定参加工伤保险，为本单位全部职工或雇工缴纳工伤保险费。各类企业的职工、个体工商户的雇工均有享受工伤保险待遇的权利。

（五）生育保险

生育保险即因生育中断劳动的劳动者给予其生育期间收入、补助和医疗保障待遇。生育保险是为了维护职工的合法权益，保障职工在生育期间得到基本的经济补偿和医疗保健而制定。

社会保险统筹基金大部分来源于用人单位与职工依法缴纳的社会保险费用。缴纳社会保险费用，不仅是对职工的负责，也是对社会负责，只要职工符合缴纳社会保险条件的，用人单位及职工就必须缴纳。

高校毕业生一定要关注自己的社会保险关系。毕业生已经落实就业单位的，其所在单位应按规定为其办理参保缴费手续，建立社会保险关系；灵活就业的，本人应到当地社会保险经办机构办理参保缴费手续。用人单位和个人应按规定按时足额缴纳社会保险费。与单位解除劳动合同关系后，要按当地政府的规定，到社会保险经办机构办理社会保险关系的中断或转出等事宜。毕业生在与新单位重新确立劳动合同关系后，新用人单位应为毕业生办理社会保险关系的转移和接续手续。

思考与讨论：

1. 大学毕业生李某在毕业当年5月份与一家药业公司达成就业意向，并签订了《就业协议书》，协议约定李某在规定时间内到用人单位报到，同时约定李某进入公司试用期为2个月，服务期为3年，如果李某提前解约必须赔偿公司2万元。学校审核并上报毕业生就业方案，办理毕业生就业派遣手续。

7月初，李某领取《报到证》到该药业公司报到后，公司与他签订了期限为3年的《劳动合同》，双方约定试用期为2个月。8月底，李某认为自己不适宜在该公司工作，于是向公司提出辞职申请，3天后，李某离开该公司去另一家公司应聘工作。但是，李某原工作单位药业公司扣留了他的档案，并要求他赔偿公司2万元。

如果你是李某，请问你打算如何解决，并说明理由？

2. 临床医学本科毕业生刘某与东莞市中医院签订了就业协议书，单位与其约定违约金为7 000元，6月底，刘某收到考研升学录取通知书，经考虑，他决定升学深造。由于升学深造可凭录取通知书办理户口、档案等人事关系转接手续，因此他要求学校直接将其档案转寄到升学学校，而不与用人单位联系办理解约手续。请问他这种做法有可能会产生什么后果？如果是你，你认为较为理想的解决办法是什么？

3. 邱某，山东菏泽生源，2019 届应用心理学专业毕业，应聘到广州市中大社工服务中心工作，单位无人事接收权，单位与其签订就业协议书，并只在就业协议书用人单位处签字盖章。请问她应该怎样解决自己的户口、档案等人事关系转迁问题？可以有几种选择，不同选择结果有什么主要区别？

4. 吴某，湖南生源，2019 届临床医学专业毕业，考取上海市临床医学硕士专业学位研究生（住院医师），具有硕士研究生和住院医师的双重身份，接受高校、培训医院管理。针对此类毕业生将获得研究生学籍，可以享受《上海市住院医师规范化培训实施办法》规定的各种福利待遇，但不纳入高校研究生培养机制改革范围，不享受国家和高校研究生助教、助研、助管补助和生活补贴，上海市卫生人才服务中心只接收档案，不办理户口迁移。为此，毕业生该如何办理自己的户口、档案等人事关系转接手续？

第十章 角色转换与适应

学习目标：

1. 区别学生角色与社会职业人角色。
2. 了解新入职场的困境。
3. 掌握走向职业成功的方法。
4. 掌握职场礼仪。

告别校园，意味着十几年的学生生活阶段成为过去；步入社会，表明相对漫长的社会生活已经开始。就业具有非同寻常的意义，是迈向独立和成熟的开始，是人生的重要转折。那么，如何顺利完成从学生角色到社会角色的转换，为未来的人生与事业奠定坚实的基础，这是每一个毕业生都必须面对的现实问题。

第一节 毕业生角色的转换与认知

由学生转换为职业人角色的过程是每一个就业大学生所必然经历的过程，这一过程同时也是对社会及工作岗位的适应过程。

一、从学生角色到员工角色的转换

（一）社会角色及其权利、义务及规范

所谓社会角色，就是一个人在社会中的身份，也就是人们所处的特定社会地位和身份所决定的一整套规范与行为模式，是人们对不同地位和行业职员行为的一种期望，是社会群体的基础。社会角色的本质是社会赋予人的权利与义务的统一体。它反映了每个人在社会中的地位和在人际关系中的位置，是个人身份、地位、责任、权利与义务的代表。

社会角色是社会赋予角色的权利及要求角色承担的义务，而权利与义务是通过行为规范进行约束调整的。因而，员工角色与学生

角色的不同主要体现在权利、义务（责任）、规范及环境的不同。（见表10－1）。

表10－1 学生角色与职业角色的区别

	学生角色	职业角色
社会责任不同	学好科学文化知识，掌握为人民服务的本领，使自己德、智、体全面发展。大学生是以学习、探索为主要任务。整个角色过程是一个受教育、储备知识、锻炼能力的过程	以特定的身份履行自己的职责，依靠自己的本领或技能为社会和他人服务，完成某项工作，通过对工作对象的履行情况来体现自身价值。作为职业人必须适应社会，服从领导和管理，适应上级的管理风格，在工作中犯了错误，必须承担成本和风险的责任，并承担相应的社会责任
社会规范不同	主要反映在国家制定的《大学生行为准则》和各学校制定的《大学生手册》之中，告诉学生怎样做人、如何发展等。因为学生是受教育者，在违反角色规范时，主要还是以教育帮助为主	对职业角色的规范因职业的不同而不同，但肯定是更严格，违背了就要承担一定的责任，甚至法律责任
社会权利不同	接受外界的给予，即接受和输入，主要是要求理解，其角色的权利主要是依法接受教育，并取得经济生活的保证或资助	依法行使职权，开展工作，运用自己的知识和能力，向外界提供自己的劳动，即运用和输出，要求结合实际创造性地发挥水平，并在履行义务的同时取得报酬

续上表

	学生角色	职业角色
面对的环境不同	宿舍—教室—图书馆—食堂四点一线的简单而安静的生活方式，单纯而简单的校园文化气氛。学习时间可弹性安排，少许逃课没人管你，有较长的节假休息日，教学大纲提供清晰的学习目标，学术上多鼓励师生讨论甚至争论；布置作业或工作规定时间完成	面临的社会环境是快速的生活节奏，紧张的工作和加班。在单位里，规定上下班时间，不能迟到早退，经常加班加点，节假日少，工作任务重；单位主管或领导通常对讨论不感兴趣，多数比较独断；待员工不一定很公平；一切以经济利益为导向；要完成上级交给一件件具体的实实在在的工作任务等

（二）角色转换

由“学校人”到“社会人”的角色转换不是瞬间发生和完成的，而是一个渐进的过程。角色的转换包括获取角色和承担角色两个过程。

1. 获取角色

对于大学生而言，所谓获取员工角色，其实就是择业。毕业生与单位的双向选择，找到自己满意或相对满意的工作，双方签署就业协议书。毕业后，毕业生到工作单位报到，从此步入工作岗位，步入社会，从这一刻开始，毕业生就已经是员工角色。

2. 承担角色

获取角色只是角色转换的起点，承担角色才是角色转换的目标。承担角色包括形式上的承担和实质上的胜任。

第二节　角色转换失调

在角色转换的过程中，不可避免地会遇到困难、挫折和冲突，对于新的工作与生活环境、陌生的人际关系，必然会出现一些心理或生理上的矛盾与不适应，主要角色转换失调现象有以下几种：

一、自我封闭

在某医院工作的小王，毕业初期，怀着对医生工作的向往，小王干劲十足。可是她渐渐发现许多工作无法按照自己的意愿进行，经常值夜班，处理病患者，建病案，写病历，忙于日常工作之余，还得向领导汇报，协助同事工作等，远比学校里复杂。郁闷时，她更加怀念大学生活，感叹好日子一去不复返。

校园里，大家是师生关系、同学关系，单纯也很直接，彼此之间不存在太多的经济利益冲突，因而交往起来比较简单。刚刚踏上工作岗位的毕业生往往没有充分的心理准备和人际交往的成功经验。当感觉到人际关系复杂、交往困难的时候，不能冷静、积极地面对，往往会因畏惧人际交往而走入自我封闭的误区。而这种自我封闭的心理又反过来进一步影响人际关系的协调，以至于影响对工作岗位的适应，使自己陷入困境。

二、职业焦躁

毕业于药学专业的小杨进入一家医药企业任职，刚到公司，上司只让他处理一些琐碎的事务，如每天忙于复印文件、录入药品、制剂清单、整理档案文档等一些后勤，刚上班还觉得新鲜，但慢慢就觉得工作枯燥乏味，和大学时代的理想相距甚远。他不甘于平庸，却又无法改变现状，变得焦躁不安。

一些用人单位反映，很多毕业一两年的新人在心理上并没有真正毕业，他们仍把大学当娘家，怀念大学时代的美好生活，对自己的职业前景焦躁不安，而且多数时候并不能很快调整适应。

不少毕业生反映，毕业一年后老同学重聚，大家都有一种“迷惘”的感觉：很难适应每天朝九晚五的生活，工作不如意，加班加点，节假日休息日少，人际关系复杂。用人单位对尚未“心理毕业”的年轻员工同样抱怨多多……不少单位表示：刚毕业的员工往往定位高，要求多，实际表现却不尽如人意。

悠闲的校园生活被紧张的职场打拼所替代，种种变化会给人的心理带来一定压力，加之现在大学生的娇气，职场新人难免会产生心理焦躁。大学毕业生要想尽快成长起来，首先要摆正心态，戒骄戒躁，日常工作中，多看、多听、多记、多想，通过实实在在的努力，才能尽快融入职场。

三、心理期望过高

任何事物发展皆有循序渐进的过程。不愿从小事做起，这种现象尤其在优秀毕业生群体中普遍存在。要知道，步入职场之后，一切都得打乱重来，在新的规则下重新进行竞争。一下子就想成为栋梁和骨干的想法是不现实、不可取的。

预防医学专业毕业生小李很幸运地考取了公务员，被安排到一家疾病防控中心工作，但是却发现半年来一直做一些杂事，社区健康知识教育，营养临床咨询，打预防针等，所学专业毒理学、卫生统计等一些知识完全没有用武之地。所以他经常拿自己开涮，说自己："吃的是杂粮，干的是杂货，做的是杂人。""我真快受够了，整天都在帮别人做他们分内的工作，老板交代的活也没多少技术含量。再这样下去，我还有什么发展？"

第一份工作属于职业生涯的起步阶段，是人的一生中非常重要的学习和积累过程，这个时候，新人要能够根据现实的环境调整自己的期望值和目标，丢掉幻想，面对现实，脚踏实地，从小事做起、从基层做起，在工作中学会独立思考，尽心尽责，让你的老板发现你的潜质和培养价值。

四、计划不如变化多，无法支配时间

开始做第一份工作时，都非常兴奋，刚到单位的头几天里，面对新的环境和新的任务角色，需要新的知识范围和新的洞察力。当连续不断的会见领导和自我介绍，在紧张、兴奋之后就陷入了困境，首先是从来就没有想到工作开始就这么累。因为需要集中精力工作，又要学习各种知识，结识新人，早出晚归，努力表现，想给领导留下一个良好印象。但是由于知识、经验、效率、方法、技巧等条件的限制，许多计划常常落空，变化比计划多。这种情况的改变需要至少 3 个月到半年的时间。

以上都是在学生角色到员工角色的转换过程中，容易出现的几种失调现象，希望将其视为人生不同阶段发展难免遇到的正常现象，重要的是能够以平和的心态去面对，同时冷静地分析和思考，不懈地努力与追求，只有这样，才能尽快度过这个不适应的阶段，从而顺利完成角色的转换。

第三节 角色转换的方法和建议

学生角色向员工角色的转换，往往是一个艰苦的过程，所谓“千里之行，始于足下”，对此，毕业生应有充分的思想准备，在行动中，需要以积极的态度，坚持不懈的努力来实现员工角色的进入与承担。在适应员工角色的过程中，应从以下几个方面的努力做出改变。

一、学会控制自己的情绪

心理学研究告诉我们：刚走上工作岗位，一般人的情绪波动都会比较明显，如起初是安乐，然后由迷惑、自我否认、挫折、烦恼、沮丧逐渐过渡到重新认识、定位、调整、适应，最后完成职业转变。人们在情绪不良时，思维力与智慧等都不能正常发挥，也容易暴露自己的弱点，更易出错，严重时会造成次品或事故，影响上司和同事对自己的正确评价，影响在公司的进一步发展。良好的开始是成功的一半，然而万事开头难，毕业生要对这种可能出现的情况有预知，做到心中有数，提早做好准备，除接受老师必要的就业指导以外，还要根据自己的具体实际进行针对性的系统训练，减少不良情绪的出现，即便偶尔遇事也尽量做到不慌、泰然处之。

二、在合作的群体中重新认识自我，摆正心态

案例：

晋升

小赵和小李同年大学毕业，同是市场部的职员，都是搞医药市场营销的。两个人的能力不相上下，每月都能超额完成任务，有时候，小李的任务完成得比小赵的要多、个人业绩突出。但平时很少见到小李笑的模样，工作认真但好发牢骚，业绩上不去时甚至冲同事发脾气。而小赵则为人乐观、爽快，有一种知足常乐的态度，有时遇到难缠的客户，能自己解决就解决，同事中谁遇到不顺心的事情，他也是个很不错的倾诉对象。在去年年底市场部经理的民主选举中，小赵就成为理所当然的人选。

小李没有被选为市场部的经理，其原因是小李自恃业绩甚佳，动辄大发脾气和牢骚。除了这一原因，外还有一个原因就是缺乏合作精神。所以在职场中，要想顺利升迁，走上仕途，千万要引小李为戒。

人的整个生命的所有学习、工作及生活的过程，都是不断探索周围世界和不断认识自我的过程。要发挥自己的聪明才智，首先需要摆正心态，其次是摆正自己的位置，再次是充满信心。摆正位置，就是要正确地认识评价自我，初来乍到，自己最多是个学习者，这种情况是暂时的。作为一个新手，必须树立终身学习的理念，虚心学习，用心工作，在实践中不断积累知识经验，不久即会成为所在领域的专家。才疏学浅时万不可目空一切，在工作中遇到了困难也不能自惭形秽，畏缩不前，要冷静地查找问题，充满信心，保持心态平衡，努力发挥出自己的最佳水平。

三、勤于观察思考，善于发现问题

要进入员工角色，还要开动脑筋，善于观察，勤于思考。只有善于观察，才能发现问题，并运用自己所学到的知识努力实践加以

解决问题，才能掌握大量的第一手资料，才能真正掌握职业对象的内部规律。同时，只有勤于思考，在工作中才会有自己的见解，逐步具备独立开展工作的能力，更好地承担角色责任。人的学习、工作与生活过程大部分都是通过模仿进行的，许多岗位工作都有相对固定的要求和流程。观察与思考是一个重要的学习积累过程，可以帮助毕业生尽快地适应不同的岗位角色，成功的机会才会越来越多。

四、从小事做起，尽快熟悉岗位工作

步入工作岗位，需要完成的工作，总是有大有小，既有很重要的大事，也有微不足道，甚至鸡毛蒜皮的小事。对重要的工作，不要心存畏惧，而应拿出应有的勇气和工作热情去完成，应该知道，任何人都不会给一个新手在工作的初始阶段给以很高的期望。因而，如果表现得好，就会脱颖而出，即便表现不好，也不必负担太重，因为你还有机会，只要正确调整，从失败中吸取教训，你就会离成功更近。

实际上，你无权按照自己的兴趣与意愿去挑剔或选择，而应该遵照公司的要求去做，强迫自己去做自己不喜欢的或不感兴趣的事情，并做得很好，才是一个人走向成熟的标志，也体现了一个职业人的严谨的工作作风。当一个人认真努力地将别人不愿做的琐碎小事做得很好的时候，领导的赏识与发展的机会就有可能悄悄降临在你的身上。上司最关心的是你能否把工作中的小事做好，通过做小事来评价职员，因为公司的重要决策、战略发展是由董事会领导层负责的事情。

五、学会沟通与尊重，重视群体价值

任何人都无法被替代，通过密切合作，创造出更多的群体价值。在工作中要学会尊重他人，尊重你的同事，包括一些地位相对比较低的人。别忘了见面打个招呼，离开时道声再见。尤其要尊重你的上级，多请示、多请教，学会沟通与汇报，及时反馈工作的进展情况。这样既对上司表示尊重，又让其替你把关，你何乐而不为呢？

如果每一个人所做的工作，在不同阶段分别做到：①让上司做到；②让上司放心；③让上司满意，那么就进入工作的最高境界，事业成功的机会近乎100%。

六、做好第一件事

走上工作岗位，总是从第一件事做起，要想以积极的态度快速地适应工作环境，那么，就必须以积极的态度把交给你的第一件事做好，领导往往会从你所做的第一件事来评判你的能力，包括工作态度、方法、品质与效率等，并且进而作为以后任用你的依据。所以，办好领导交办的第一件事，对于领悟员工角色的内涵，顺利适应工作岗位至关重要。首先要仔细聆听领导的指示，并领会其意图，如果没有听清听懂一定要虚心请教，直到弄清楚为止，然后再了解工作对象的情况和特点，虚心学习，求助于人，以100%的热情做好第一件事，这一点尤为重要。因为一个人的机会有限，第一件事没有做好，第二件事就很难再落到自己的头上，或者说第二件相对重要的事情就很难再有机会去做了。积极地做好第一件事，是积极适应员工角色重要的第一步。

七、勇挑工作重担，乐于无私奉献

勇挑工作重担、乐于无私奉献是完成角色转变的重要标志。刚走上工作岗位应当一切从零开始，胸怀大志，严格自律，树立主人翁意识，增强社会责任感和归宿感，以公司为家，不要计较个人得失，敢于善于承担责任，为公司和主管分担任务，主动适应工作环境和员工角色，尽快完成角色转换，为不断提升自己的能力铺平道路。

八、重视培训，不断学习

知识作为财富可以终身受益无穷，但决不能一劳永逸。10年前走出校门的工程师、管理人员、物理学家、律师等如果不能经常更新自己的知识，早就落伍了。

现在不断出现着大量可供选择的职业，即使最优秀的学校，也无法使学生接受所有这些选择。何况作为教育者的学校，自身还存在着能力方面的问题，学校所能做的只是培养学生获得专业基础知识和必要的技能，而周围的世界正在发生前所未有的变化，知识的半衰期为 5 年，学校学的东西一半在 5 年内过时，10 年后所剩无几，这是一个继续学习、终身学习的时代，这个时代更使我们不得不改变自己。

第四节　树立良好的形象

职业形象是社会和他人对一个人从事某项职业的总体印象和态度。良好的职业形象既是职业的需要，又是从业人员素质水平的展现，尤其是良好的第一印象是职业形象成功的条件，在职业生涯中具有至关重要的作用。第一印象具有“先入为主”效应、“思维定势”效应和“形象光环”效应等特性，在人们心目中的印象一旦形成，就很难改变。

好的开始就是成功的一半，大学生走上工作岗位，在新的工作环境中所树立的第一印象好，人们与其交往的热情就高，就容易打开工作局面。否则就会出现相反的情况。那么，如何树立良好的第一印象呢？

一、尽快融入企业文化

每个企业都有自己的企业文化，它包括企业理念、企业精神、价值观、规章制度等。毕业生初到工作岗位，要通过人力资源部、上司、部门经理，同时了解单位的历史、价值观、目标与工作期望，掌握企业文化的灵魂，理解规章制度形成的背景，使自己的价值取向与企业的价值观相吻合，还要仔细查阅、领会企业的工作程序和政策手册等，设法记住同事的姓名、工作内容、程序步骤，了解企业的生存法则，是融入企业文化的最佳途径。

二、衣着整洁，仪表端庄

每一名员工皆为企业财富的重要组成部分，员工的衣着服饰是一个人文化素养的外在表现，一定要同自己的年龄、性别、气质、经济状况、身份相符，同单位的企业文化要求相一致，不能追求另类、时髦和名牌，应始终保持干净、整洁、得体。男士应定期刮须理发，不宜油头粉面，夏季不能穿短裤、背心和拖鞋等，也不能剃光头；女士适度化妆，不宜浓妆艳抹，也不能穿得太暴露。使用普通话交流，注意声音和距离大小，待人热情坦诚，与人相处不卑不亢。

三、举止大方，虚心请教

工作无小事，勿以善小而不为。初到工作单位，一定要举止文明、彬彬有礼、落落大方，不能不拘小节、不修边幅；自我介绍和谈话应简明扼要，实事求是，切忌自夸、冒失和莽撞；遇到新情况、新问题，应向熟练工或专家请教，学习好经验和好方法。文明礼貌的谈吐，谦虚诚恳的工作态度，必将有助于在同事中树立良好的第一印象，也有利于在业务上和社交中更快地成长。

四、遵时守信，主动工作

遵守作息时间和规章制度，讲求信用，与人交往不失约、不失信，这既是工作关系中的纪律要求，又是人际交往中的一种美德。初到工作单位，提前上班，稍后下班，严格遵守单位的规章制度，积极主动地做好自己力所能及的工作，这些，无疑会有助于树立良好的第一印象。在不忙时主动帮助别人，主动向主管请示工作，让自己成为有用的忙人。

五、严守秘密，待人真诚

在单位工作的大学生，应当注意严守专利技术等商业机密，不要随便向外人透露单位内部情况，也不能在同事之间传小话，引起是非，要以诚相见，平等待人。

良好的第一印象有助于大学生初到工作单位站稳脚跟，有助于大学生与职员融为一体，有助于大学生工作的起步与发展。仅仅满足于树立良好的第一印象是远远不够的，“路遥知马力，日久见人心”，若想取得成功与他人的认可，还需要走好同样良好的第二步、第三步，要以长期不懈的努力、正直热情的为人和优秀的成绩，在单位站稳脚跟，融入集体生活中去，为今后的事业奋斗打好基础。

六、尊重他人，不自恃清高

在人们心灵的最深处，最是渴望的是希望得到别人的爱戴与尊重。共同的事业机会，使彼此不同背景的人结为一个共同的群体。在新的合作群体里尽管每个人秉性、爱好、气质、年龄、社会关系和教育成长背景不同，但“三人行，必有我师”，何况他们有的都已具备了丰富的工作经验，拥有熟练的业务技能。要以学生的心态尊重他们的劳动，尊重他们的人格，虚心向他们求教，不自恃清高，不要妄自尊大，甚至摆架子。对人的尊重，不要以财富的多寡、年龄的大小、分工的差异作为亲疏的标准，而要以对公司和社会的贡献为标准。尽管人们分工不同，能力有大小，但在人格上都是平等的。因此，不能嘲笑歧视他人，不要以己之长比人之短，应该谦虚待人。如果自满而轻视他人，就会损伤他人的自尊心，造成人际关系的疏远。在相互交往中既要尊重他人，也要自尊、自重和自爱，方能赢得他人的尊重。

总之，要待人热情，尊重他人，不能低估他人的实力，并向他们学习知识和技能，善于观察周围每一个同事的变化，与同事打成一片，自然容易建立起和谐的人际关系。

七、平等待人，不厚此薄彼

平等地对待身边的每一个人是做人的原则，在工作单位，应当以平等的态度对待每个同事。不要以职务的高低、工资的多少来决定对待他人的态度；不要亲近一部分人，故意疏远另一部分人；不要认为某人对自己有用就打得火热，某人暂时不用就疏远不理；不要见了领导就低头哈腰、满脸堆笑，见到群众就置之不理，甚至冷若冰霜；不要卷入是非矛盾，拉帮结派、搞小团体，而应该尽力与所有同事发展平等互助的友好关系。

八、主动随和，心胸宽阔

谦虚随和、平易近人，就会拉近同事之间的距离，增加亲和感，大家会乐意同其交往，觉得彼此之间愉快舒畅。切忌孤陋寡闻而又自命不凡。古语道："独学而无友，则孤陋而寡闻。"说明交往少，就会学识陋、见闻少。大学生到了新的工作单位后，要尽快合群，不要独往独来、孤陋寡闻、故步自封，对单位的人和事知之甚少，与他人缺乏必要的来往，就会导致人际关系的疏远与不和谐。只有主动交往，学会喜欢别人，才能获得各种知识，找出自己的不足；才能学到别人的优点，扩大自己的知识视野，增长见识，不断提高自身素质和水平。

九、愉快接受工作与环境现实

刚工作时的新鲜、紧张、认真、迷惑、沮丧等很快就会过去、不久，你将了解到工作环境的真实情况，认识到工作的残酷竞争、无法避免的失误和效率低下，经常有一大堆令人头痛的工作，有的工作不是你的职责范围，还有的不切实际，可能因为自身的原因觉得付出与回报存在不公，心想跳槽，寻找新的事业机会。常言道"滚石不生苔"，你要耐着性子学会适应职业生涯的第一份工作。

第五节　职 业 礼 仪

职场礼仪，是指人们在职业场所中应当遵循的一系列礼仪规范。学会这些礼仪规范，将使一个人的职业形象大为提高。了解、掌握并恰当地应用职场礼仪有助于完善和维护职场人的职业形象，会使你在工作中左右逢源，使你的事业蒸蒸日上，做一个成功的职业人。

一、个人礼仪

个人礼仪是社会个体的生活行为规范与待人处世的准则，是个人仪表、仪容、言谈、举止、待人、接物等方面的个体规定，是个人道德品质、文化素养、教养良知等精神内涵的外在表现。其核心是尊重他人、与人友善、表里如一、内外一致。良好的个人礼仪、规范的处事行为并非与生俱来，也非一日之功，是要靠后天不懈努力和尽力教化才能逐渐形成的。

（一）仪容仪表

仪容仪表方面的要求与求职面试礼仪相近，办公场合衣服宜简洁、庄重。男性一般以西装为主。女性衣着忌短小或透明，尺寸也不宜过于短小和紧身。发型要合适，男性头发前不盖眉，侧不掩耳，后不及领；女性根据年龄、职业、场合的不同，梳理得当。面部要清爽，男性宜每日剃须修面；女性宜淡妆修饰。保持口腔清洁，表情要自然，目光要温和，嘴角略带微笑，定期修剪指甲并保持手部洁净，女性在正式场合不宜涂抹浓艳的指甲油。

（二）行为举止

坐如钟，站如松，行得稳，站得正，是基本要求。站的时候两眼正视，两肩平齐，两臂自然下垂，挺胸收腹提臀，腰背挺直，切忌站的时候东倒西歪，弯腰驼背。坐的时候要轻稳，腰部要挺直，双腿自然并拢，切忌抖动腿脚。走的时候要抬头挺胸收腹，双臂自然摆动，脚步轻盈稳健，切忌摇头晃脑，鞋子亦不可摩擦地面，发出声响。

二、办公室礼仪

在紧张忙碌的工作当中，我们不可避免地要与同事或陌生人频繁接触，一个人除了注意自己的个人礼仪之外，还应注意工作场合之中的文明礼仪。

（一）办公室用品礼仪

公司的物品要爱惜使用，不能挪为私用；借用别人或公司的物品，使用完以后，要及时归还或放回原处；工作台面上尽量干净整洁，不能摆放与工作无关的物品；节约用水用电用纸，自觉节约公司开支；严格遵守公司相关规章制度，爱惜公司财物，不能有意污损刻画。

（二）手机礼仪

工作场合不要大声打电话；电话呼入，尽量不要接，或起身到人少处接听；重要会议时尽量关闭手机或调成振动；不能一边和人讲话，一边编辑手机短信；不编辑或是转发思想内容不健康的短信；不使用的时候，手机尽量放在包中或是上衣内袋，不要总是拿在手中或别在腰带上。

三、商务礼仪

在商务活动中，为了体现相互尊重，需要通过一些行为准则去约束人们在商务活动中的方方面面，这其中包括各种言谈举止、书信往来、电话沟通等技巧。

（一）名片使用礼仪

给别人名片，应事先准备好，放在易取的地方，不要现从包里或者名片夹里取；递名片的时候，应站立，双手递送，名片上端对着递名片者，让自己的名字冲着对方；拿到名片后，应仔细阅读对方的姓名、职务、机构，再注视一下对方，以示尊重；收名片时，应将其小心放入上衣口袋，切忌放入裤兜。

（二）接打电话礼仪

接听电话要及时，铃响三声就要接听，接得稍迟，应主动致歉；拿起电话之后，先问好，并自报家门；手边准备好纸张和笔，重要信息随时记录；自己的电话尽量自己处理，如需转接，应清楚解释；若对方要求与其他人通话，应尽快帮忙转接；若对方要找的人不在，应温和告知对方，并询问是否需要帮助。

接打电话，声音明亮清脆，吐字清晰，表达准确，语言从容得体，自然恰当，态度热情大方，不卑不亢。打电话前要确认好对方的电话、姓名、职务及谈话要点；电话接通后，应立即尊称对方，自我介绍并说明去电主旨，倾听对方意见；如果对方不在，可以请代接电话的人传达，并真诚致谢。

（三）宴会礼仪

1. 座位的礼仪。一般的宴会，除自助餐、茶会及酒会外，主人必须安排客人的席次，不能以随便坐的方式，引起主客及其他客人的不满。尤其有外交使团的场合，大使及代表之间，前后有序，绝不相让。

2. 桌次的顺序。一般家庭的宴会，饭厅置圆桌一台，自无桌次顺序的区分，但如果宴会设在饭店或礼堂，圆桌两桌，或两桌以上时，则必须定其大小。其定位的原则，以背对饭厅或礼堂为正位，以右旁为大，左旁为小，如场地排有三桌，则以中间为大，右旁次之，左旁为小。

3. 席次的安排。宾客邀妥后，必须安排客人的席次。目前我国以中餐圆桌款宴，有中式及西式两种席次的安排。两种方式不一，但基本原则相同。一般而言，必须注意下列原则：

（1）以右为尊，前述桌席的安排，已述及尊右的原则，席次的安排亦以右为尊，左为卑。故如男女主人并座，则男左女右，以右为大。如席设两桌，男女主人分开主持，则以右桌为大。宾客席次的安排亦然，即以男女主人右侧为大，左侧为小。

（2）职位或地位高者为尊，高者坐上席，依职位高低，即官阶高低定位，不能逾越。

（3）职位或地位相同，则必须依官职传统习惯定位。

（4）遵守外交惯例，依各国的惯例，当一国政府的首长，如总统或总理款宴外宾时，则外交部部长的排名在其他各部部长之前。

(5) 女士以夫为贵，其排名的秩序，与其丈夫相同。即在众多宾客中，男主宾排第一位；其夫人排第二位。但如邀请对象是女宾，因她是某部长，而这位先生官位不显，譬如是某大公司的董事长，则必须排在所有部长之后，夫不见得与妻同贵。

(6) 与宴宾客有政府官员、社会团体领袖及社会贤达参加的场合，则依政府官员、社会团体领袖、社会贤达为序。

(7) 欧美人士视宴会为社交最佳场合，故席位采取分座之原则，即男女分座，排位时男女互为间隔。夫妇、父女、母子、兄妹等必须分开。如有外宾在座，则华人与外宾杂坐。

(8) 遵守社会伦理，长幼有序，师生有别。在非正式的宴会场合，尤应恪遵。如某君已为部长，而某教授为其恩师，在非正式场合，不能将某教授排在该部长之下。

(9) 座位的末座，不能安排女宾。

(10) 在男女主人出面款宴而对座的席次，不论圆桌或长桌，凡是八、十二、十六、二十、二十四人（依此类推），座次的安排，必有两男两女并座的情形。故理想的席次安排，以六、十、十四、十八人（依此类推）为宜。

（四）电梯礼仪

进电梯前站在电梯的两侧，先下后上。中间下人，两边上人，进去后选完楼层如果人不多问别人需要到几层，帮忙选层。如果进入电梯后你站在门边，又零散有人进入的时候应该按住操纵盘上的开门按钮，防止门关上夹到人，而如果是和朋友亲人同事一起坐的话就用手挡住门的一侧来防止门关上，因为用手挡着看着更为亲切一点，而实际上电梯都有安全触板或光幕。进来人多首先应该选完楼层后向角落退去，空出前面的空间，如果下的楼层比较近，可以选择站在另外一边没有操纵盘的位置。下电梯的时候尽量快、稳，不小心碰撞到别人要致歉。还有一点基本不会有人做，也很容易被忽略，但是却很不礼貌的就是，进入电梯后不要背对着门，因为在狭窄的空间一般陌生人彼此之间喜欢面朝一个方向，如果你和他们面对面大家会很不自然，另外一点需要补充的是如果电梯超载超重报警的时候是不能运行的，那么如果你正好站在门边的话要主动下去，减轻负荷让电梯正常运行。

（五）乘车礼仪

在正式的情况下，与他人一起乘坐轿车时，上下车的先后顺序有着一定的礼数。

如果当时环境允许，应当请女士、长辈、上司或嘉宾首先上车，最后下车。若你一同与女士、长辈、上司或嘉宾在双排座轿车的后排上就座的话，应请后者首先从右侧后门上车，在后排右座上就座。随后，应从车后绕到左侧后门登车，落座于后排左座。到达目的地后，若无专人负责开启车门，则应首先从左侧后门下车，从车后绕行至右侧后门，协助女士、长辈、上司或嘉宾下车，即为之开启车门。

当领导开车时，若只有你在身边，你需要坐到领导旁边副驾驶的位子上。当有专属司机开小轿车时，若只有你和领导两人外出，领导会坐在后排右侧座位（领导坐在司机斜后面）你需要坐到领导的左边（司机后面的座位）；若你是和两个领导外出，你需要坐到司机旁边的座位（副驾驶的位置）。

乘坐有折叠椅的3排座轿车时，循例应当由在中间一排加座上就座者最后登车，最先下车。乘坐9座3排座轿车时，应当由低位者，即男士、晚辈、下级、主人先上车，而请高位者，即女士、长辈、上司、客人后上车。下车时，其顺序则正好相反。唯有坐于前排者可优先下车，拉开车门。由主人亲自开车时，出于对乘客的尊重与照顾，可以由主人最后一个上车，最先一个下车。商务人员自己在上下车时，动作应当“温柔”一点，不要动辄铿锵作响。上下车时，不要大步跨越，连蹦带跳，像是“跨栏”一样。穿短裙的女士，上车时，应首先背对车门，坐下之后，再慢慢地将并拢的双腿一齐收入，然后再转向正前方。下车时，应首先转向车门，先将并拢的双脚移出车门，双腿着地后，再缓缓地移出身去。上下车时，应当注意对高位者主动给予照顾与帮助。商务人员如果身为低位，则在上下车时，还需主动地为高位者开关车门。具体来讲，当高位者准备上车时，低位者应当先行一步，以右手或左右两只手同时并用，为高位者拉开车门。拉开车门时，应尽量将其全部拉开，即形成90°的夹角。在下车时，低位者可以先下车去帮助开门，以示敬人。其操作的方法，与上车时基本相同。

思考与讨论：

1. 学生角色与职场角色的区别有哪些？
2. 职业礼仪需要注意哪些方面？
3. 案例分析：经验之谈

王先生一脸真诚地叙述着他的经历和体会：大学毕业转眼已6年了。在这6年间，我先后应聘到民企、外企工作，并且每次都是从零起步做到高级职位。在这当中也遭遇一些挫折，其中滋味无以言表，即“受宠者有之，遭贬者有之，得意者有之，失意者亦有之”。根据我的亲身体会，现将新进一家公司后特别需要关注的几个重点问题，介绍给广大朋友，特别是那些刚从学校毕业尚没有工作经验的朋友们。

①多做事，少说话

新进公司伊始，因不知公司内幕的深浅，不知道说什么是对的或说什么是错的。有时往往会因一句话说出来就引来大祸，尽管说者对公司抱的是善意的目的，但未必得到良好的结果，而一开始就拼命工作，坚持“沉默是金”的做法，就能得到上级或同事的认可，留下美好的第一印象，也会为以后的长期发展打下坚实的基础。

②与直接上级建立深厚的工作情谊

在公司里与直接上司搞好关系的好处有许多，因为你的直接上司是你在公司中交往最多的人，你所做的工作由他（她）来安排，你所写的报告由他（她）第一个签批，并且人力资源部门对你的表现进行考评时，也是以你的直接上司的意见为主的。可见，与直接上司的关系搞好了，他（她）将成为你在公司里发展的“贵人”。你的试用转正、提薪晋职、福利好处全靠他（她）的一张嘴、一支笔了。如果你与直接上司的关系搞僵了，那就有你的好看了，正所谓叫你“吃不了兜着走”。不信，你就试试，轻则处处找你的茬儿，让你没有一天好日子过。重则让你卷铺盖走人，看看谁比谁厉害。总之，直接上司可能是你在公司里发展的“贵人”，也有可能成为你的“祸人”，至于二者你取哪种，选择权最终就在你的手里，就看你是怎样运用这个权力的。

③记住上司永远是对的，其他的都是这句话的注解

有人会说，这句话有些过激，事实上这句话很实际。想想看公司的上司为什么要请你来，是不是为了满足他（她）的需要？你在公司里的成长和发展都取决于上司的需求被满足的程度。上司对你的表现满意，就晋升或提薪，个人的前途无量灿烂似锦。如果上司对你说半个“不”字，不用说你就有大麻烦了。

很多在职场上摸爬滚打的朋友常常会犯这种错误，就是认为自己的意见和建议是对的，是符合科学逻辑的，但往往忽略了一个最重要的“逻辑”，那就是“胳膊扭不过大腿”和“上司永远是对的”。这一法则对刚进公司的新人来说，也是很有警示意义的。或许此时你的上司不是真正的公司上司，而是你的直接上司或是公司里某些你所惹不起的人，面对此情此景，你所要做的就是只需放下。

（1）你认为从大学生转为职业人应该做好哪些思想准备？

（2）在处理职场人际关系时要注意哪些？

参考文献

[1] 高峰，石华富. 大学生就业指导［M］. 长春：吉林大学出版社，2006.

[2] 陈浩明，项中，等. 大学生就业与创业指导教程［M］. 北京：中国传媒大学出版社，2009.

[3] 徐振轩. 就业指导与创业教育［M］. 北京：电子工业出版社，2006.

[4] 丁学阳，周文玲，等. 大学生就业指导与创业教育［M］. 长春：吉林大学出版社，2011.

[5] 刘全同，王爱华，等. 大学生就业与创业指导［M］. 北京：北京出版社，2008.

[6] 魏莉梅. 大学生职业生涯规划与就业指导教程［M］. 北京：经济日报出版社，2008.

[7] 童玉芬. 就业原理［M］. 北京：中国劳动社会保障出版社，2011.

[8] 张斌，何翠萍. 大学生就业指导［M］. 广州：中山大学出版社，2012.

[9] 莫利拉，曹晖. 大学生职业生涯规划与就业指导教程［M］. 北京：中国传媒大学出版社，2009.

[10] 文青，艾加. 大学生职业发展与就业指导［M］. 北京：研究出版社，2012.

[11] 王官禄，王星亮，等. 大学生职业生涯规划与就业指导实用教程［M］. 徐州：中国矿业大学出版社，2004.

[12] 段玉强. 大学生就业指导［M］. 北京：中国经济出版社，2005.

[13] 肖建中. 职业规划与就业指导［M］. 北京：北京大学出版社，2006.

[14] 李芳，李义庭. 大学生职业生涯与发展规划教程（卫生类）［M］. 北京：人民军医出版社，2008.

[15] 席彪. 医生职业修炼［M］. 北京：北京大学医学出版社，2006.

[16] 朱国华. 高校毕业生就业手册［M］. 广州：中山大学出版社，2005.

[17] 董文强，谭初春. 大学生就业指导［M］. 西安：西北工业大学出版社，2009.

[18] 汪达，张惠丽. 就业指导与实践［M］. 北京：科学出版社，2009.

[19] 高桥. 大学生就业指导［M］. 北京：清华大学出版社，2007.

[20] 王琪延. 企业人力资源管理［M］. 北京：中国物价出版社，2002.